Joachim Perels

Kapitalismus und politische Demokratie

Privatrechtsystem und Gesellschaftsstruktur in der Weimarer Republik

basis

Für kritischen Rat, der diese Arbeit mit strukturiert hat, danke ich Professor Wiethölter, Alexander v. Brünneck, Thomas Blanke und Dieter Hart. J. P.

Druck: Wetzlardruck
ISBN 3 434 45026 2
Printed in Germany

Inhalt

Einleitung

Die Untersuchung des Verhältnisses von Privatrechtssystem und Verfassungsstruktur in der Weimarer Republik versteht sich als Spezialstudie zu dem allgemeineren Problem der Beziehung der sozialen Struktur der bürgerlichen Gesellschaft zu deren politischer Herrschaftsform; in der Analyse dieser Beziehung konstituiert sich eine materialistische Staatstheorie.

Die Variationsbreite der empirischen Konstellationen von Privatrechtssystem und Verfassungsstruktur hat Rosa Luxemburg in einer knappen historischen Darstellung am Beispiel Frankreichs, dem, neben England, klassischen Land bürgerlicher Herrschaft umrissen. »Der Kapitalismus ruft in seinen Anfängen – als Warenproduktion – eine demokratische Verfassung in den städtischen Kommunen ins Leben; später, in seiner entwickelteren Form, als Manufaktur, findet er in der absoluten Monarchie seine entsprechende politische Form. Endlich als entfaltete industrielle Wirtschaft erzeugt er in Frankreich abwechselnd die demokratische Republik (1793), die absolute Monarchie Napoleons I., die Adelsmonarchie der Restaurationszeit (1815 bis 1830), die bürgerliche konstitutionelle Monarchie des Louis Philippe, wieder die demokratische Republik, wieder die Monarchie Napoleons III., endlich zum dritten Mal die Republik.«[1]

Die Studie versucht, Strukturprinzipien der Vermittlungsformen von sozialer Verfassung und politischem Herrschaftssystem an einem isolierbaren Bereich geschichtlich zu spezifizieren.[2] Sie folgt nicht einem antiquarischen Interesse.

---

1 R. Luxemburg, Sozialreform oder Revolution, Politische Schriften I, Frankfurt 1966, S. 107 f. Carl Schmitt analysiert den Sachverhalt in der gleichen Weise: »In dem Maße, in dem das Bürgertum den politischen Kampf nur noch unter dem Gesichtspunkt seines wirtschaftlichen Interesses führte (. . .), konnte es sich auch damit begnügen, den politischen Einfluß, den es brauchte, mit Hilfe seiner wirtschaftlichen Macht durchzusetzen und sich im übrigen mit den verschiedenen Regierungen abzufinden: mit Bonapartismus, konstitutioneller Monarchie deutschen Stiles und demokratischer Republik, sofern nur das Privateigentum nicht bedroht und der Einfluß der wirtschaftlichen Interessen auf die Zusammensetzung der Volksvertretung nicht gefährdet war.« C. Schmitt, Verfassungslehre, Berlin 1965[4], S. 312.

2 Zum Begriff der geschichtlichen Spezifizierung vgl. K. Korsch, Karl Marx, Frankfurt 1967.

Denn die Privateigentumsherrschaft bildet die identische gesellschaftliche Grundlage nicht nur der Weimarer sondern auch der Bonner Demokratie.
Der Begriff der Verfassungsstruktur, der im Unterschied zu dem des Privatrechtssystems in der Rechtswissenschaft keinen so festen Platz hat, soll nicht vorweg abschließend definiert werden, weil seine Konturen erst in historischer Explikation, in der Totalität einer bestimmten historischen Lage sichtbar werden können; »die Begriffe (werden) weniger durch eine Definition, als durch die methodische Funktion, die sie als aufgehobene Momente in der Totalität erhalten, zu ihrer richtigen Bedeutung gebracht.«[3] Die Willkürlichkeit vorweggeschickter Definitionen bei wissenschaftlichen Erörterungen hat Hegel bezeichnet. »Eine Definition, mit der irgendeine Wissenschaft den absoluten Anfang macht, kann nichts anderes enthalten als den bestimmten, regelrechten Ausdruck von demjenigen, was man sich *zugegebener- und bekanntermaßen* unter dem Gegenstande und Zweck der Wissenschaft *vorstellt*. Daß man sich gerade dies darunter vorstelle, ist eine historische Versicherung, in Ansehung derer man sich allein auf dieses und jenes Anerkannte berufen oder eigentlich nur bittweise beibringen kann, daß man dies oder jenes als bekannt gelten lassen möge.«[4] Sehr vorläufig freilich mag davon ausgegangen werden, daß Verfassungsstruktur sowohl den verfassungsrechtlichen Normenbestand wie, vor allem, die Realverfassung des politischen Bereichs meint.
Die Arbeit argumentiert auf zwei Erklärungsebenen. Als eine Erklärungsebene fungiert die aus der kapitalistischen Produktionsweise hervorgehende ökonomische Entwicklung, die sich in bestimmte Rechtsformen übersetzt. Als zweite Erklärungsebene dient das politische Kräfteverhältnis der Hauptklassen der bürgerlichen Gesellschaft, der Besitzer der Produktionsmittel und der von der Verfügung über die Produktionsmittel Ausgeschlossenen.
Die beiden Erklärungsebenen sind nicht in eine schlichte Ursachen-Wirkungsbeziehung auflösbar. Marx selber verweist auf die Unmöglichkeit der ökonomistischen Reduktion des politischen Kräfteparallelogramms. «Von verschiedenen Seiten warf man uns vor, daß wir nicht die *ökonomischen Verhältnisse* dargestellt haben, welche die materielle Grundlage der jetzigen Klassenkämpfe und Nationalkämpfe bilden. Wir haben planmäßig diese Verhältnisse nur da berührt, wo sie sich in politischen Kollisionen unmittelbar aufdrängen.«[5] Die politische Form des Klassenkampfes steht nicht in

3 G. Lukács, Geschichte und Klassenbewußtsein, Berlin 1923, S. 11.
4 G. W. F. Hegel, Wissenschaft der Logik I, ed. Moldenhauer/Michel, Frankfurt 1969, S. 42 f. Hervorhebungen von Hegel. Vgl. auch T. W. Adorno, Vorlesung zur Einleitung in die Erkenntnistheorie, Frankfurt o. J. (1971), S. 54 f.
5 K. Marx, Lohnarbeit und Kapital, K. Marx/F. Engels, Werke (MEW) Bd. 6, Berlin 1970, S. 397. Hervorhebung von Marx.

einem Implikationsverhältnis zur Warenanalyse.[6] »Die als Kritik durchgeführte politische Ökonomie leitet nicht alle Erscheinungsformen, mithin auch den existierenden Klassenkampf, logisch eindimensional aus dem Verwertungsprozeß des Kapitals ab.«[7] Zwar ist »die ökonomische Lage (...) die Basis, aber die verschiedenen Momente des Überbaus – politische Formen des Klassenkampfes und seine Resultate – Verfassungen, nach gewonnener Schlacht durch die siegreiche Klasse festgestellt, usw. – Rechtsformen (...) üben auch ihre Einwirkung auf den Verlauf der geschichtlichen Kämpfe aus und bestimmen vorwiegend deren *Form*«.[8]

Die in politökonomische Verhältnisse nicht auflösbare Eigendynamik der staatlichen Herrschaftsverfassung, die wesentlich durch das geschichtlich prozessierende Kräfteverhältnis der Klassen bedingt ist, nötigt zu einem erweiterten Bezugsrahmen für eine materialistische Staatstheorie. In der Marxschen Theorie fällt eine an systematischen Kategorien zu orientierende Staatstheorie zwischen den ökonomiekritischen Schriften, die die Entmystifikation der Selbstbewegungsformen des Kapitals betreiben, und den Verlaufsanalysen konkreter Klassenkämpfe hindurch.[9] Marx hatte bekanntlich vor, der Funktion des Staates eine gesonderte Untersuchung zu widmen.[10] Ein Bezugrahmen für eine materialistische Staatstheorie ist im Kern bis heute nicht entwickelt. In der kürzlich geführten Kontroverse zwischen Poulantzas und Miliband[11] über die Funktion des kapitalistischen Staates besteht das von Marx explizit nicht behandelte Problem fort: die Staatsfunktion wird zerrissen in die politische Ökonomie allgemeiner Basisbedingungen (Poulantzas) und empirisch konstatierbarer Wechselbeziehungen zwischen kapitalistischen Interessen und Staatsaktivitäten (Miliband).[12] In dem von Habermas[13] und Offe[14] vertretenen systemtheoretisch angereicherten Ansatz wird der gordische Knoten einer politökonomisch und klassenanalytisch

6 J. Ritsert, C. Rolshausen, Der Konservatismus der kritischen Theorie, Frankfurt 1971, S. 54.

7 Ebenda.

8 F. Engels, Brief an J. Bloch, MEW Bd. 37, Berlin 1967, S. 463, Hervorhebung von Engels.

9 Vgl. H. J. Krahl, Produktion und Klassenkampf, in: Konstitution und Klassenkampf, Frankfurt 1971, S. 384 ff.

10 K. Marx, Grundrisse der Kritik der politischen Ökonomie, Berlin 1953, S. 175. Vgl. auch das Vorwort des Marx-Engels-Lenin-Intsituts zu diesem Band, S. IX.

11 N. Poulantzas, Das Problem des kapitalistischen Staates; R. Miliband, Der kapitalistische Staat: Antwort an N. Poulantzas, Kritische Justiz 2/1971, S. 201 ff. Die Kontroverse bezog sich auf das Buch von R. Miliband, The State in Capitalist Society, London 1969.

12 Vgl. die Rezension des ebenda genannten Buches von Miliband durch J. Ritsert, Kritische Justiz 2/1971, S. 221 ff.

13 J. Habermas, Technik und Wissenschaft als ›Ideologie‹, Frankfurt 1968, S. 48 ff., ders., Bedingungen für eine Revolutionierung spätkapitalistischer Gesellschaftssysteme, in: Marx und die Revolution, Frankfurt 1970, S. 24 ff.

14 C. Offe, Politische Herrschaft und Klassenstrukturen – Zur Analyse spätkapitalistischer Gesellschaften, in: G. Kress/D. Senghaas, Politikwissenschaft, Frankfurt 1969, S. 155 ff.

fundierten Staatstheorie durchschnitten: tendenziell nimmt der Staat Subjektcharakter an; er wird zum lernfähigen System, das prinzipiell weder werttheoretisch noch klassenanalytisch zu erfassen ist. Dieser Ansatz ist mit weitreichenden Prämissen verbunden; sie de-thematisieren die Krisenproblematik und unterstellen die prinzpielle Latenz von Klassenauseinandersetzungen.[15]

In dieser, sehr kursorisch skizzierten, Theorielage kann ein Bezugsrahmen für eine materialistische Staatstheorie nicht in einem abstrakten Vorgriff entworfen werden. Vielmehr soll ein begrenzter Gegenstandsbereich, aus dem ein Baustein für eine materialistische Staatstheorie gewonnen werden könnte, historisch-empirisch aufgearbeitet werden: in der Form systematisierter Geschichte. Dies kann aufgrund der gegebenen Theorielage zu einem Teil unter nur deskriptiven Kategorien geschehen.

Die Kapitel I-III arbeiten die bürgerliche Interessenfundierung der Beziehung von Privatrechtssystem und Verfassungsstruktur im 19. Jahrhundert heraus: die Privateigentumsherrschaft setzt sich in die Verfassungsstruktur um. Der entscheidende Einschnitt erfolgt mit der Weimarer Republik, weil in ihr die Mechanik dieses Umsetzungsprozesses gestört erscheint. Privatrechtssystem und Verfassungsstruktur geraten in ein widersprüchliches Verhältnis. Denn im Bereich der Verfassungsstruktur haben die Unterklassen prinzipiell die gleichen politischen Rechte wie die Repräsentanten des Privatrechtssystems. Die bürgerliche Interessenlage gebietet, diesen Widerspruch aufzulösen, das Privatrechtssystem in die Verfassungsstruktur zu verlängern. An drei Brennpunkten, in denen sich Privatrechtssystem und Verfassungsstruktur schneiden, wird dieser Prozeß exemplarisch analysiert. Zuerst wird der Schutz des Grundpfeilers der Privatrechtsordnung, des Privateigentums an den Produktionsmitteln, untersucht (Kap. V). Als zweiter Komplex erscheint die andere Seite des mit dem Privatrechtssystem gesetzten Klassenverhältnisses: die Stellung der Lohnarbeiterklasse im Rahmen der Privatrechtsordnung (Kap. VI). Schließlich werden die auf den Markt bezogenen, tauschvermittelnden Konnexinstitute des Privateigentums, die sich zu Instanzen privater Rechtssetzungsmacht ausbilden, verfolgt (Kap. VII). Die Schlußkapitel zeigen, wie sich in der ökonomischen Krise die in Kapitel V-VII konstatierte Inkorporation der Verfassungstruktur in das Privatrechtssystem auf qualitativ höherer Stufe fortsetzt – bis zur Zertrümmerung der Weimarer Verfassungsstruktur im Faschismus.

---

15 Zur Kritik vgl. J. Ritsert, C. Rolshausen, a. a. O. (Anm. 6), S. 27 ff. und das unveröffentlichte Arbeitspapier von H. Neuendorff/U. Rödel, Projektentwurf. Untersuchung der Funktionen staatlicher Wissenschafts- und Technologiepolitik in spätkapitalistischen Systemen am Beispiel der Bundesrepublik.

I. Warenproduktion und Privatrechtssystem

Die Funktionsweise des Privatrechtssystems kann immanent juristisch nicht zureichend erfaßt werden. Die an das Privatrechtssystem geknüpften Rechtsverhältnisse sind »weder aus sich selbst zu begreifen (...) noch aus der sogenannten allgemeinen Entwicklung des menschlichen Geistes (... sie wurzeln) vielmehr in den materiellen Lebensverhältnissen (...), deren Gesamtheit Hegel (...) unter dem Titel der bürgerlichen Gesellschaft zusammenfaßt«.[1] Dem immanent juristischen Selbstverständnis, das die Entwicklung des Rechts als geistesgeschichtliche Parthenogenesis begreift, erscheint das Privatrecht im allgemeinen Willen des Privateigentümers, im jus utendi et abutendi begründet. Dieser »juristischen Illusion«[2] steht ein einfacher Tatbestand entgegen: »In der Praxis hat das abuti sehr bestimmte ökonomische Grenzen für den Eigentümer, wenn er nicht sein Eigentum und damit sein jus abutendi in andere Hände übergehen sehen will, da überhaupt die Sache, bloß in Beziehung auf seinen Willen betrachtet, gar keine Sache ist, sondern erst im *Verkehr* und unabhängig vom Recht zu einer Sache, zu wirklichem Eigentum wird.«[3]

Privatrecht reduziert sich in unserem Verstande nicht auf den Inbegriff der juristischen Dogmatik, die mit der Regelung der Beziehungen der Privatrechtssubjekte befaßt ist; Privatrecht erscheint vielmehr als die rechtliche Form der sozialen Struktur[4] – in dem Sinn wie Marx die Begriffe Produktions- und Eigentumsverhältnisse synonym verwendet.[5]

---

1 K. Marx, Zur Kritik der politischen Ökonomie, MEW Bd. 13, Berlin 1971, S. 8.

2 K. Marx, F. Engels, Die deutsche Ideologie, MEW Bd. 3, Berlin 1969, S. 63.

3 Ebenda, Hervorhebung von mir.

4 Vgl. G. Radbruch, Klassenrecht und Rechtsidee, in: Der Mensch im Recht, Göttingen 1961[3], S. 23 ff.

5 »Auf einer gewissen Stufe der Entwicklung geraten die materiellen Produktivkräfte der Gesellschaft in Widerspruch mit den vorhandenen Produktionsverhältnissen oder, was nur ein juristischer Ausdruck dafür ist, mit den Eigentumsverhältnissen.« K. Marx, a. a. O. (Anm. 1), S. 9. Zur These des kurzen Vermittlungsschritts zwischen Rechtsformen und ökonomischen Verhältnisen vgl. E. Paschukanis, Allgemeine Rechtslehre und Marxismus, Frankfurt 1969[3], S. 53 ff., E. Bloch, Das Materialismusproblem, seine Geschichte und Substanz, Frankfurt 1972, S. 392 f.

Das moderne bürgerliche Privatrechtssystem ist bezogen auf die ökonomische Struktur einer warenproduzierenden Gesellschaft; »der Aufstieg der Bedeutung des privatrechtlichen Kontrakts im allgemeinen (stellt) die juristische Seite der Marktgemeinschaft dar.«[6] Diesen Zusammenhang hat Marx im »Kapital« analysiert. »Die Waren können nicht selbst zu Markte gehen und sich nicht selbst austauschen. Wir müssen uns also nach ihren Hütern umsehen, den Warenbesitzern. Die Waren sind Dinge und daher widerstandslos gegen den Menschen. Wenn sie nicht willig, kann er Gewalt brauchen, in anderen Worten, sie nehmen. Um diese Dinge als Waren aufeinander zu beziehen, müssen die Warenhüter sich zueinander als Personen verhalten, deren Willen in jenen Dingen haust, so daß der eine nur mit dem Willen des anderen, also jeder nur vermittels eines, beiden gemeinsamen Willensakts sich die fremde Ware aneignet, indem er die eigene veräußert. Sie müssen sich daher wechselseitig als Privateigentümer anerkennen. Dies Rechtsverhältnis, dessen Form der Vertrag ist, ob nun legal entwickelt oder nicht, ist ein Willensverhältnis, worin sich das ökonomische Verhältnis widerspiegelt. Der Inhalt dieses Rechts- oder Willensverhältnisses ist durch das ökonomische Verhältnis selbst gegeben.«[7]

Die Grundpfeiler des Privatrechtssystems: Eigentumsfreiheit mit ihren konnexen Freiheitsrechten[8] Vertragsfreiheit, Vererbungsfreiheit, Gewerbefreiheit etc. sind Garanten des kapitalistischen Warenverkehrs und Mittel zu seiner Regelung.

Das bürgerliche Privatrecht hatte die feudalen Privilegien und zunftmäßigen Beschränkungen zersetzt. »Das Gewerbe war, soweit es handwerksmäßig betrieben wurde, durch die Zunftschranken, durch die bis ins einzelne genauen Vorschriften über die Art der Produktion, über die Zahl der Gesellen, über die Betriebsgröße usw. eingeengt. Soweit das Gewerbe Großbetrieb war, waren die vielen staatlichen Schranken aufgerichtet, die das Wesen der sog. merkantilistischen Wirtschaftspolitik ausmachten. Der Staat hatte nicht nur eine große Anzahl von Unternehmungen in seiner Hand, sondern auch die sog. freien Gewerbe waren durch alle möglichen staatlichen Reglementierungen, Privilegierungen, Konzessionierungen in ihrer Wirtschaftsführung unfrei; bis zur staatlichen Kontrollierung und Fixierung

---

6 M. Weber, Wirtschaft und Gesellschaft, 1. Halbband, Köln/Berlin 1964, S. 513. »Das Maß der Vertragsfreiheit, d. h. der von der Zwangsgewalt ›gültig‹ garantierten Inhalte von Rechtsgeschäften, die relative Bedeutung also der zu solchen rechtsgeschäftlichen Verfügungen ›ermächtigenden‹ Rechtssätze innerhalb der Gesamtheit einer Rechtsordnung ist natürlich Funktion in erster Linie der Marktverbreiterung.« Ebenda, S. 509.

7 K. Marx, Das Kapital I, MEW Bd. 23, Berlin 1967, S. 99. Vgl. auch ausführlicher K. Marx, Grundrisse der Kritik der politischen Ökonomie, Berlin 1953, S. 155.

8 Vgl. K. Renner, Die Rechtsinstitute des Privatrechts und ihre soziale Funktion, Stuttgart 1965², S. 87 ff.

der Preise ging diese (...) Wirtschaftspolitik. Durch viele Regalien, wie das Forst-, Jagd-, Bergwerksregal, waren wichtigste Produktionsmittel der Verfügungsgewalt des Staates überliefert (...). Das alles wurde durch die umwälzende rechtliche Neuerung, die in der folgenden Zeitepoche geschaffen wurde, geändert.«[9]

Alle Menschen werden zu juristisch gleichen »Personen«, die sich der Gestaltungsmöglichkeiten des Privatrechts bedienen können. Die formale juristische Gleichheit fungiert aber als Vehikel ökonomischer Ungleichheit; die Garantie des Privateigentums, das gerade dadurch existiert, daß es für die meisten nicht existert,[10] und der an es geknüpften konnexen Freiheitsrechte dienen der gesellschaftlichen Minderheit der Besitzer der Produktionsmittel, die allein von den juristischen Möglichkeiten auch Gebrauch machen können.

Dies zeigt sich auf dem Arbeitsmarkt. Gleichberechtigt stehen sich auf ihm der Arbeiter, der nur über seine Arbeitskraft verfügt, und der Besitzer der Produktionsmittel gegenüber. Beide »Personen« schließen einen »freien« Arbeitsvertrag, der durch keine vom Staat oder den Zünften festgelegten Regelungen vorherbestimmt ist. Der Inhalt des Vertrages wird durch den Produktionsmittelbesitzer festgesetzt. Auf ihre Bedingungen muß der Arbeiter, »(gezwungen) durch die Hungerpeitsche«[11], eingehen. Koalitionsverbote, die im Frühliberalismus erlassen werden[12], verhindern, daß die Arbeiter ihren Interessen kollektiv Ausdruck verleihen können.

Während in der Phase der Kleinwarenproduktion die Arbeitsmittel den Produzenten gehörten, Hersteller und Aneigner der Produkte identisch waren, nimmt das Privateigentum auf der Basis ökonomischer Ungleichheit, welche sich in der Periode der »ursprünglichen Akkumulation«[13] durch die Trennung der unmittelbaren Produzenten von den Produktionsmitteln ausgebildet hatte, Enteignungsfunktion für die unmittelbaren Produzenten an:[14] da die gegenständlichen Arbeitsbedingungen unter der Verfügungsgewalt der kleinen Schicht der Kapitaleigentümer stehen, gehen die Produkte der Arbeit der unmittelbaren Produzenten ins Eigentum der Produktionsmittelbesitzer über.

Das durch die Trennung der Arbeiter von den Mitteln der Produktion konstituierte Kapitalverhältnis ist kein statisches Faktum, sondern reproduziert sich stets aufs neue. »Einerseits verwandelt der Produktionsprozeß fort-

9 K. Diehl, Die rechtlichen Grundlagen des Kapitalismus, Jena 1929, S. 7 f.
10 K. Marx, F. Engels, Das kommunistische Manifest, MEW Bd. 4, Berlin 1971, S. 477.
11 M. Weber, Wirtschaftsgeschichte, Berlin 1958^3, S. 240.
12 F. Neumann, Koalitionsfreiheit und Reichsverfassung, Berlin 1932, S. 5 f.
13 K. Marx, Das Kapital, a. a. O. (Anm. 7), S. 741 ff.
14 Vgl. hierzu im Anschluß an Marx K. Renner, Die Rechtsinstitute des Privatrechts, a. a. O. (Anm. 7).

während den stofflichen Reichtum in Kapital, in Verwertungs- und Genußmittel für den Kapitalisten. Andererseits kommt der Arbeiter ständig aus dem Prozeß heraus, wie er in ihn eintrat – persönliche Quelle des Reichtums, aber entblößt von allen Mitteln, diesen Reichtum für sich zu verwirklichen. Da er vor dem Eintritt in den Prozeß seine eigene Arbeit, ihm selbst entfremdet, dem Kapitalisten aneignet und dem Kapital einverleibt ist, vergegenständlicht sie sich während des Prozesses beständig im fremden Produkt. Da der Produktionsprozeß zugleich Konsumtionsprozeß der Arbeitskraft durch den Kapitalisten, verwandelt sich das Produkt des Arbeiters nicht nur fortwährend in Ware, sondern in Kapital, Wert, der die wertschöpfende Kraft aussaugt, Lebensmittel, die Personen kaufen, Produktionsmittel, die Produzenten anwenden. Die Arbeit produziert daher beständig den objektiven Reichtum als Kapital, ihm fremde, ihn beherrschende und ausbeutende Macht, und der Kapitalist produziert ebenso beständig die Arbeitskraft als subjektive, von ihren eigenen Vergegenständlichungs- und Verwirklichungsbedingungen getrennte, abstrakte, in der bloßen Leiblichkeit des Arbeiters existierende Reichstumsquelle, kurz den Arbeiter als Lohnarbeiter.«[15]

Die Aneignung des von den Arbeitern gemeinschaftlich hergestellten Produkts durch die ihnen als fremde Macht gegenüberstehenden Produktionsmittelbesitzer bezeichnet den Kern des aus dem bürgerlichen Privateigentum hervorgehenden Rechts. Mit dem privaten Aneignungsrecht des gesellschaftlich produzierten Reichstums steht und fällt das bürgerliche Privatrechtssystem; es gründet im Kapitalverhältnis, dem Gewaltzentrum des bürgerlichen Rechts. Den rechtstechnischen Anformungen des Privatrechts, insbesondere im Schuld-, Sachen-, Handels- und Aktienrecht, und der tagtäglichen Vertragspraxis liegt das private Aneignungsrecht als »Naturbasis« zugrunde.

15 K. Marx, Das Kapital I, a. a. O. (Anm. 7), S. 595 f.

II. Das Verhältnis von Privatrechtssystem und Verfassungsstruktur im klassischen Liberalismus und seine deutsche Variante im Kaiserreich von 1871

Die Konstituierung einer konkurrenzwirtschaftlich produzierenden Gesellschaft und die ihr korrespondierenden juristischen Regelungsmechanismen des bürgerlichen Privatrechts lassen die öffentliche Gewalt, die im Feudalismus mit der privaten Herrschaft der Grundeigentümer verschmolzen war, sich zur selbständigen Sphäre des politischen Staates, gegründet auf Beamtenapparat und stehendes Heer, umbilden. »Die herrschaftlichen Privilegien der Grundeigentümer und Städte verwandeln sich in ebenso viele Attribute der Staatsgewalt, die feudalen Würdenträger in bezahlte Beamte und die bunte Mustercharte der widerstreitenden mittelalterlichen Machtvollkommenheiten in den geregelten Plan einer Staatsmacht, deren Arbeit fabrikmäßig geteilt und zentralisiert ist.«[1]

Die Ausformung der Struktur der modernen öffentlichen Gewalt und die Entfaltung des Privatrechtssystems sind zwei Seiten eines Vorgangs: »Die Konstituierung des politischen Staats und die Auflösung der bürgerlichen Gesellschaft in die unabhängigen Individuen – deren Verhältnis das Recht ist, wie das Verhältnis der Standes- und Innungsmenschen das Privilegium war – vollzieht sich in ein und demselben Akte.«[2]

Die Verknüpfung von Privatrechtssystem und Verfassungsstruktur bringt der junge Hegel auf die Formel: »In den Staaten der neueren Zeit (...) ist die Sicherheit des Eigentums der Angel, um den sich die ganze Gesetzgebung dreht.«[3] Lorenz von Stein sekundiert: »Die Verschiedenheit des Besitzes

---

1 K. Marx, Der achtzehnte Brumaire des Louis Bonaparte, MEW Bd. 8, Berlin 1969, S. 196 f.

2 K. Marx, Zur Judenfrage, MEW Bd. 1, Berlin 1972, S. 369.

3 K. Rosenkranz, Hegels Leben, Berlin 1844, S. 252 zit. nach G. Lukács, Der junge Hegel, Neuwied 1967³, S. 81. In ähnlicher Weise äußerte sich Fichte: »Es ist den Eigentümern durchaus gleichgültig, wer sie schützt, wenn sie nur geschützt werden; das einzige Augenmerk dabei ist, so wohlfeil als möglich. Der Staat ist den Eigentümern ein notwendiges Übel.« J. G. Fichte, Die Staatslehre, Ausgewählte Werke, Bd. 6, ed. Medicus, Darmstadt 1962, S. 454. Entsprechend heißt es bei Marx: »Die politische Verfassung in ihrer höchsten Spitze ist (...) die Verfassung des Privateigentums.« K. Marx, Kritik des Hegelschen Staatsrechts, MEW Bd. 1, Berlin 1972, S. 303. Der sowjetische Rechtstheoretiker Stučka konstatiert: »Nach unserer Auffassung werden alle übrigen Rechtseinrichtungen nur geschaffen, um das Privatrecht zu schützen.« P. I. Stučka, Die revolutionäre Rolle von Recht

bildet den wahren Inhalt der Verschiedenheit der Verfassungen selber. Immer aber wird, durch den inneren Zusammenhang von Gesellschaft und Verfassung erzeugt, der Satz notwendig gelten, daß, wenn in einer Gesellschaft eine bestimmte Art oder ein bestimmtes Maß von Besitz die herrschende Klasse von der der abhängigen scheidet, alsdann auch nicht jede beliebige Art und jedes Maß, sondern nur diejenige Art und dasjenige Maß zur Teilnahme am Staatswillen berechtigen, welche in der Gesellschaft die Herrschaft der besitzenden Klasse begründen.«[4]

Aus dieser Einsicht heraus konzipiert der Liberalismus, die politische Theorie des Bürgertums, eine der bürgerlichen Interessenlage angeschneiderte Konstruktion des Funktionszusammenhangs von Privatrechtssystem und Verfassungsstruktur. Unmittelbares Gegenmodell zum bürgerlichen Rechtsstaat, der als juristisches Gehäuse des Bürgertums sich geschichtlich durchsetzt, ist die absolute Monarchie. In ihr waren die später auseinandertretenden Zweige der öffentlichen Gewalt (Exekutive, Legislative und Judikative) zu einem ungeteilten und unkontrollierten Machtkomplex, der allein der Suprematie des Königs unterstand, zusammengezogen. Die Konstitutionsmomente des bürgerlichen Rechtsstaats fügen sich zu einer in sich vermittelten Totalität, zu einem System zur Garantie und Regulierung des kapitalistischen Produktions- und Austauschprozesses.

Die Sphäre der gesellschaftlichen Arbeit und des kapitalistischen Warenverkehrs wird der Reglementierung durch die öffentliche Gewalt, typischerweise ausgeprägt in der Periode des Merkantilismus, prinzipiell entrückt. Die Exekutive fungiert als »Not- und Verstandesstaat«[4a], der sich der Einmischung in die Angelegenheiten der bürgerlichen Gesellschaft enthält. Dadurch soll der autonome Wettbewerb gleichstarker Unternehmen ermöglicht werden. »Subjektiv anarchisch, objektiv harmonisch«[5] sollen die Gesetze des Warenverkehrs, gelenkt von einer »invisible hand« (Adam Smith), sich hinter dem Rücken der Produzenten, insbesondere bei der Preisbildung durchsetzen; damit sei das größte Glück der größten Zahl verbürgt.

Die Autonomie der bürgerlichen Gesellschaft, deren verfassungsstruktureller Ort als »die Differenz (erscheint), welche zwischen die Familie und den Staat tritt«[6], wird durch das System der Grundrechte geschützt. Die indi-

---

und Staat, Frankfurt 1969, S. 72. Und Radbruch schreibt: »Für den Liberalismus ist das Privatrecht die Herzkammer allen Rechts, das öffentliche Recht ein schmaler schützender Rahmen, der sich um das Privatrecht und vor allem um das Privateigentum legt.« G. Radbruch, Rechtsphilosophie, Stuttgart 1963[6], S. 226.

4 L. v. Stein, Geschichte der sozialen Bewegung in Frankreich von 1789 bis auf unsere Tage, Bd. 1, Darmstadt 1959, S. 53.

4a G. W. F. Hegel, Grundlinien der Philosophie des Rechts, ed. Moldenhauer/Michel, Frankfurt 1970, § 183.

5 J. Habermas, Strukturwandel der Öffentlichkeit, Neuwied 1962, S. 101.

6 G. W. F. Hegel, a. a. O. (Anm. 4a), § 182 Zusatz.

viduellen Grundrechte (Gewissensfreiheit, persönliche Freiheit, Unverletzlichkeit der Wohnung, Briefgeheimnis, Privateigentumsrecht) sichern die privatautonome Sphäre, in der die wirtschaftliche Initiative der Bürger sich ungestört entfalten kann. Das Privateigentum, auf dem die Reproduktion der Gesellschaft beruht, ist als Hauptinstitution der bürgerlichen Gesellschaft »in der Periode des Konkurrenzkapitalismus von den entscheidenden konnexen Freiheitsrechten der Vertrags- und Gewerbefreiheit umgeben. Der Eigentümer an den Produktionsmitteln muß das Recht haben, einen Gewerbebetrieb zu errichten oder zu schließen, er muß das Recht haben, Kauf- und Tauschverträge, Miet- und Pachtzinsverträge, Darlehns- und Hypothekenverträge abzuschließen, weil er nur durch die Anerkennung dieser Freiheitsrechte produzieren kann (...). Der Vertrag, die rechtliche Form, in der der Mensch seine Freiheit bestätigt, ist konstitutives Element der bürgerlichen Gesellschaft in der Periode der freien Konkurrenz. Er hebt die Isolierung der Eigentümer auf, er vermittelt zwischen ihnen und wird damit so notwendig wie das Eigentum selbst«.[7] Neben die individuellen Freiheitsrechte treten die auf öffentlichen Räsonnement bezogenen Grundrechte (Meinungsfreiheit, Pressefreiheit, Versammlungs- und Vereinigungsfreiheit), die es dem Bürger ermöglichen, im Wege öffentlicher Diskussion, welche unter der absolutistischen Monarchie ausgeschlossen war,[8] seine Interessen zu artikulieren. Clearingstelle für diese Interessen wird das Parlament als der Vermittlungsinstanz zwischen den bürgerlichen Privatinteressen und der Exekutive.

Im Parlament konzentriert sich die Herrschaft des Bürgertums. Das Zensuswahlrecht schirmt die Klassen, denen kein kapitalistisch fungierendes Privateigentum zur Verfügung steht, vom Parlament ab, hält sie in politischer Hörigkeit. Zwei Wochen nach der Annahme der Erklärung der Menschen- und Bürgerrechte durch die französische Nationalversammlung von 1789 »verkündete der bedeutendste Staatsrechtler der Nationalversammlung, der Abbé Sieyès: ›Frankreich ist keine Demokratie und darf zu keiner solchen gemacht werden.‹ Und gleich darauf hob die Versammlung den Grundsatz der politischen Gleichheit auf und reservierte das Wahlrecht für die Besitzenden (...). Sieyès fand auch die richtigen Definitionen, um diese

7 F. Neumann, Der Funktionswandel des Gesetzes im Recht der bürgerlichen Gesellschaft, in: Demokratischer und autoritärer Staat, Frankfurt (M.) 1967, S. 40.

8 In einem Rescript Friedrich II. aus dem Jahre 1784 heißt es: »Eine Privatperson ist nicht berechtigt, über Handlungen, das Verfahren, die Gesetze, Maßregeln und Anordnungen der Souveräne und Höfe, ihrer Staatsbedienten, Kollegien und Gerichtshöfe öffentliche, sogar tadelnde Urteile zu fällen oder davon Nachrichten, die ihr zukommen, bekanntzumachen oder durch den Druck zu verbreiten. Eine Privatperson ist auch zu deren Beurteilung gar nicht fähig, da es ihr an der vollständigen Kenntnis der Umstände und Motive fehlt.« O. Groth, Die Zeitung Bd. 1, Berlin/Leipzig 1928, S. 623, zit. nach J. Habermas, Strukturwandel der Öffentlichkeit, a. a. O. (Anm. 4), S. 38.

Klasseneinteilung und damit das Wesen der neuen Gesellschaftsordnung deutlich zu machen. Er definierte die Aktivbürger als die ›wahren Aktionäre des sozialen Unternehmens‹, die Passivbürger als die ›Arbeitsmaschinen‹ dieses Betriebes.«[9] Die Repräsentanten von Besitz und Bildung, durch eine homogene Interessenbasis miteinander verbunden, die antagonistische Konflikte im Gesetzgebungsverfahren ausschließt, entscheiden im Parlament über die Eingriffe in Eigentum und Freiheit (also des Bereichs institutioneller Garantien und Grundrechte), von denen sie selbst betroffen werden. Das parlamentarische Gesetz kann insofern als die Quersumme ihrer Interessen fungieren.[10] Das Gesetz muß, um den allgemeinen Interessen des kapitalistisch produzierenden Bürgertums zu genügen, eine generelle Norm ohne rückwirkende Kraft sein: so erscheint eine Privilegierung ausgeschlossen, die Gleichheit der Wettbewerber in der freien Konkurrenz gesichert. Gleichzeitig garantiert die generelle Norm, »der archimedische Punkt des Rechtsstaats« (Rudolf von Gneist), die für den kapitalistischen Betrieb konstitutive Kalkulation der Gewinnchancen: Eingriffe in die Sphäre von Privateigentum und Freiheit sind, da sich aus der allgemeinen Norm im Wege des logischen Schlußverfahrens eine zwingende Auslegung ergibt, berechenbar. Sie geschieht durch die keiner Suprematie unterliegende Judikative, die, allein an das Gesetz gebunden, als »Mund, der die Worte des Gesetzes ausspricht«[10a], fungiert.[11]

Entsprechend der gesellschaftlichen Lage der Bourgeoisie nimmt der bürgerlich-parlamentarische Rechtsstaat eine Zwischenstellung zwischen der Fürsten- und der Volkssouveränität ein.[12] »Revolutionär gegen die Konservativen, konservativ gegen die Revolutionäre«[13] ist das Bürgertum darauf bedacht, die mit dem Privatrechtssystem sanktionierte Minoritätsherrschaft der Produktionsmittelbesitzer nicht durch das verfassungsstrukturelle Formprinzip der Demokratie des ganzen Volkes gleichsam hinterrücks bedrohen

---

9 P. Frölich, 1789 – Die große Zeitwende, Frankfurt (M.) 1957, S. 96 f., S. 137.

10 »Weil der englische Bourgeois in dem Gesetze, wie in seinem Gott, sich selbst wiederfindet, deshalb hält er es heilig, deshalb hat für ihn der Stock des Polizeidieners, der ja eigentlich sein eigener Stock ist, eine wunderbar beschwichtigende Macht. Aber für den Arbeiter wahrhaft nicht. Der Arbeiter weiß zu gut, und hat es zu oft erfahren, daß das Gesetz für ihn eine Rute ist, die ihm der Bourgeois gebunden hat.« F. Engels, Die Lage der arbeitenden Klasse in England, MEW Bd. 2, Berlin 1970, S. 449 f.

10a C. Montesquieu, Vom Geist der Gesetze Bd. 1, ed. Forsthoff, Tübingen 1951, S. 229.

11 Vgl. F. Neumann, a. a. O. (Anm. 7), S. 37 f, S. 45 ff.

12 Vgl. C. Schmitt, Verfassungslehre, Berlin 1965[4], S. 219.

13 K. Marx, Die Bourgeoisie und die Konterrevolution, MEW Bd. 6, Berlin 1959, S. 109. S. 73 f. »Die Krone wird der Bourgeoisie den Adel, die Bourgeoisie wird der Krone das Volk opfern. Unter dieser Bedingung wird das Königtum bürgerlich und die Bourgeoisie königlich werden. Nach dem März (1848) gibt es nur noch diese zwei Mächte. Sie dienen sich wechselseitig als Blitzableiter der Revolution.« Ebenda.

zu lassen.[14] Der (...) »Gegensatz von Liberalismus und Demokratie zeigt sich (...) in seiner entscheidenden Bedeutung als der Gegensatz der Prinzipien des bürgerlichen Rechtsstaates gegen die Konsequenzen eines politischen Gestaltungsprinzips. Das liberale Bürgertum stand zwischen der absoluten Monarchie und der nachdrängenden proletarischen Demokratie (...). Das kritische Jahr 1848 hatte die Lage sehr auffällig gezeigt: gegenüber den politischen Ansprüchen einer starken Monarchie machte das Bürgertum die Rechte des Parlaments, d. h. der *Volksvertretung*, also demokratische Forderungen geltend; gegenüber einer proletarischen Demokratie suchte es Schutz bei einer starken monarchischen Regierung, um bürgerliche Freiheit und Privateigentum zu retten. Gegenüber Monarchie und Aristokratie berief es sich auf die Prinzipien der Freiheit und Gleichheit, gegenüber einer kleinbürgerlichen oder proletarischen Massendemokratie auf die Heiligkeit des Privateigentums und einen rechtsstaatlichen Gesetzesbegriff.«[15] Die auf

---

14 »Die Bourgeoisie hatte die richtige Einsicht, daß alle Waffen, die sie gegen den Feudalismus geschmiedet, ihre Spitze gegen sie selbst kehren. Sie begriff, daß alle sogenannten bürgerlichen Freiheiten und Fortschrittsorgane ihre Klassenherrschaft zugleich an der gesellschaftlichen Grundlage und an der politischen Spitze angriffen und bedrohten, also ›sozialistisch‹ geworden waren.« K. Marx, Der 18. Brumaire des Louis Bonaparte, a. a. O. (Anm. 1), S. 153. Die Einsicht in die politische Dynamik der liberalen Freiheitsrechte veranlaßt z. B. John Locke in der Verfassung von Nord-Carolina Sklaverei und Leibeigenschaft zu sanktionieren. Vgl. hierzu den Hinweis von H. Heller, Staatslehre, Leiden 1963[3], S. 120.

15 C. Schmitt, a. a. O. (Anm. 12). S. 309, Hervorhebung von Carl Schmitt. In der gleichen Weise diagnostizierte der konservative Staatstheoretiker Friedrich Julius Stahl die janusköpfige Position des kapitalistisch produzierenden Bürgertums zur politischen Verfassung der Demokratie: »Wenn es nur darauf ankommt, den Gedanken der Volkssouveränität positiv durchzuführen, das gesamte Volk gleichmäßig zur Herrschaft zu berufen, auch innerhalb des Volkes nicht eine Klasse der Autorität der anderen zu unterwerfen, da verläßt sie (die liberale Partei), diesen Gedanken, sie beruft zu ihrer Herrschaft nur den Mittelstand, die Vermöglichen, die Gebildeten, das ist eben nur sich selbst. – Ebenso behauptet die liberale Partei den Gedanken der Gleichheit gegen den Adel, gegen alle Stände als solche (....). Allein soll die Gleichheit positiv durchgeführt werden, soll die Klasse der Besitzlosen dieselben Rechte mit ihr erhalten, dann gibt sie den Gedanken auf und macht politisch-rechtliche Unterschiede zugunsten der Vermöglichen. Sie will Census für die Repräsentation, Kautionen für die Presse, läßt nur die Fashionablen in den Salon, gewährt den armen Leuten nicht die Höflichkeit und Ehre wie dem Reichen. Diese Halbdurchführung der Prinzipien der Revolution ist es, was die Parteistellung der Liberalen charakterisiert.« F. J. Stahl, Die gegenwärtigen Parteien in Staat und Kirche, 29 akademische Vorlesungen, Berlin 1863, S. 73. Die bürgerliche Ambivalenz mit Bezug auf das politische Formprinzip der Demokratie analysiert auch Lorenz v. Stein: »Indem (...) die Bewegung der Revolution auf (dem) gesellschaftlichen Besitze beruht, kann sie auch in ihren Forderungen an Staat und Gesellschaft nicht weiter gehen, als dieser Besitz selber es verlangt. Da nun jene Bewegung das Prinzip der Gleichheit für sich in Anspruch nimmt, selber aber auf dem wirklich erworbenen, und mithin ungleichen Besitz in der abhängigen Klasse sich stützt, so enthält *jede revolutionäre Bewegung einen tiefen Widerspruch* in sich. Sie nimmt prinzipiell ein gleiches Recht für die ganze abhängige Klasse, tatsächlich aber den Erfolg der Revolution nur für *den Teil* derselben in Anspruch, der wirklich im Besitz jener gesellschaftlichen Güter ist.« L. v. Stein, a. a. O. (Anm. 4), S. 100, Hervorhebungen durch v. Stein.

den Schutz des Privatrechtssystems zugeschnittene rechtsstaatliche Verfassungsstruktur steht somit quer zur Demokratie, weil sich in ihr der vierte Stand, das Proletariat, dessen Eigentumslosigkeit die Voraussetzung des Privatrechtssystems bildet, gegen die Grundlage der bürgerlichen Gesellschaft stellen kann. Im bürgerlich-parlamentarischen Rechtsstaat wird der absolute Herrscher vom Thron gestoßen, damit ihn das absolute Kapital besteigen kann.[16] Im Rechtsstaat schützt es seine soziale Macht. Die Verfassungsstruktur ist mit dem Privatrechtssystem synchronisiert.

Dies trifft mit einer spezifischen Variante auch für das Deutschland des Reiches von 1871 zu. Bedingt durch die politische Schwäche des Bürgertums, das zuletzt vor der Fürstensouveränität im preußischen Verfassungskonflikt kapituliert hatte, wurde die Substanz des Privatrechtssystems nicht durch die Vorherrschaft des Parlaments garantiert, sondern durch die quasi-absolutistische Bürokratie und Judikative, die den formalen Prinzipien des bürgerlichen Rechtsstaats (allgemeines Gesetz, Gewaltenteilung, Grundrechtssystem) unterlagen und sie gewährleisteten. Die deutsche konstitutionelle Monarchie enthält die rechtsstaatliche Beschränkung der königlichen Gewalt, ohne das monarchische Prinzip zu beseitigen.[17] »Der Monarch blieb der Träger der verfassungsgebenden und damit verfassungsgesetzlich nicht zu erfassenden, prinzipiell unbegrenzten Gewalt.«[18] Auf diesen Sachverhalt, der Garantie der wirtschaftlichen Betätigungsfreiheit für das Bürgertum und dessen Abstinenz von der politischen Herrschaft durch das Medium des Parlaments, ist die deutsche formalisierte Rechtsstaatstheorie, die, im Gegensatz etwa zu England, die Rechtsform von der politischen Struktur des Staates abspaltet, bezogen.[19] Der Rechtsstaat »bedeutet überhaupt nicht Ziel und Inhalt des Staates, sondern nur Art und Charakter, dieselben zu verwirklichen«.[20] Dieser Satz von Friedrich Julius Stahl wurde von Rechtsstaatstheoretikern des Kaiserreichs kanonisiert: die politische Schwäche des Bürgertums, »Ziel und Inhalt des Staates« zu bestimmen, zeitigte eine ent-

---

16 G. Radbruch, a. a. O. (Anm. 3), S. 226.
17 C. Schmitt, a. a. O. (Anm. 12), S. 55.
18 Ebenda.
19 Vgl. F. Neumann, a. a. O. (Anm. 7), S. 51 f.
20 F. J. Stahl, Rechts- und Staatslehre Bd. 2, 2. Abteilung, Heidelberg 1856, S. 138. »Der Rechtsstaat steht (...) im Gegensatz zum patriarchalischen, zum patrimonalen, zum bloßen Polizey-Staate (...). Er steht nicht minder auch im Gegensatz zum Volksstaate (Rousseau, Robespierre), (...) in welchem das Volk die vollständige und positive Tugend von Staats wegen jedem Bürger zumutet.« Ebenda.

sprechende Verfassungstheorie.[21] Sie tangierte freilich nicht den Schutz des bürgerlichen Privatrechtssystems; sie entsprach vielmehr den Interessen eines Bürgertums, das sich einem sich organisierenden Proletariat gegenübersah, gegen das der Monarch als fortexistierender legibus solutus probate Machtmittel – wie das Sozialistengesetz – anzuwenden versprach.

21 Vgl. F. Neumann, a. a. O. (Anm. 7), S. 51 f. Zur Position Labands vgl. H. Mayer, Die Krise der deutschen Staatslehre von Bismarck bis Weimar, in: Karl Marx und das Elend des Geistes, Meisenheim 1948, S. 48 ff. Zusammenfassend aber vor allem P. v. Oertzen, Die soziale Funktion des staatsrechtlichen Positivismus, Diss. Göttingen 1953; P. v. Oertzen Die Bedeutung C. F. von Gerbers für die deutsche Staatsrechtslehre, in: Festgabe für R. Smend, Tübingen 1962, S. 183 ff.

III. Veränderungen des Verhältnisses von Privatrechtssystem und Verfassungsstruktur im organisierten Kapitalismus des Kaiserreichs von 1871

Die Konstruktion des klassischen bürgerlichen Rechtsstaats, der die Sphäre der Gesellschaft prinzipiell der Selbstregulierung kapitalistischer Konkurrenz überläßt, verliert durch die wettbewerbsbeschränkende Konzentration und Zentralisation des Kapitals, die sich im letzten Drittel des 19. Jahrhunderts zu entwickeln beginnt,[1] ihr ursprüngliches Substrat.[2] Entsprechend ändert sich das Beziehungsverhältnis von Privatrechtssystem und Verfassungsstruktur. Zwei Tendenzen zur Organisierung des Marktes sind in der Zirkulationssphäre zu erkennen.

Der Preis für die Ware Arbeitskraft wird nicht mehr individuell im Wege des »freien« Arbeitsvertrages zwischen Kapitalist und Arbeiter ausgehandelt. Der Verkauf der Ware Arbeitskraft wird von den Arbeiterorganisationen mehr und mehr monopolisiert, um die Funktion des individuellen »freien« Arbeitsvertrages, der den Kapitalisten dank ihrer aus dem Eigentum an den Produktionsmitteln hervorgehenden gesellschaftlichen Übermacht das Diktat des Vertragsinhalts ermöglichte, zu beschränken. Voraussetzung hierfür war die Beseitigung gesetzlicher Hindernisse: 1873 werden Koalitionsverbote aufgehoben; die Gewerbeordnung für den Norddeutschen Bund wird Reichsgesetz.[3]

Durch die ökonomische Vernichtung der Konkurrenten und Absprachen von Unternehmenskomplexen wird die freie Konkurrenz unzähliger Einzelunternehmen tendenziell aufgelöst. Vehikel hierzu ist auf der unternehmensverfassungsrechtlichen Ebene vor allem das Institut der Aktiengesellschaft, die das Individualunternehmen ablöst und das Pooling großer Kapitalmengen ermöglicht sowie gleichzeitig den Kapitalisten als (durchschnittlichen) Einzel-

---

1 Vgl. J. Kuczynski, Die Bewegung der deutschen Wirtschaft von 1800 bis 1946, Meisenheim 1948, S. 93 f., S. 103. M. Dobb, Entwicklung des Kapitalismus vom Spätfeudalismus bis zur Gegenwart, Köln 1970, S. 308, H. Grebing, Geschichte der deutschen Arbeiterbewegung, München 1970, S. 72.

2 F. Wieacker, Privatrechtsgeschichte der Neuzeit, Göttingen 1967², S. 544 f.

3 Ausdrücklich anerkannt werden die Koalitionen freilich nicht; sie werden nur geduldet. Vgl. F. Neumann, Koalitionsfreiheit und Reichsverfassung, Berlin 1932, S. 7, K. Korsch, Arbeitsrecht für Betriebsräte, Frankfurt 1968², S. 80.

aktionär zum Forderungsberechtigten degradiert, der – typischerweise – von der Leitung des Unternehmens ausgeschlossen ist und lediglich einen »Mehrwerttitel«[4] besitzt. In die gleiche Richtung wirkt der Funktionszuwachs der Banken, die, verschmolzen mit dem Industriekapital, zur mächtigen Kapitalschleuse werden, die den Strom der Investitionen nach einheitlichen Interessen der Marktbeherrschung lenkt.[5] »In der Hand der Berliner Universalbanken lag nicht nur die Verwaltung und Kontrolle von nahezu 65 Prozent des Eigenkapitals aller deutscher Kreditbanken, sondern auch – indirekt – weitgehend die Arbeits- und Produktionsbeschaffung für die deutsche Großindustrie.«[6]

Der Produktionsapparat der Gesellschaft wird in wenigen marktbeherrschenden Unternehmenskomplexen im Wege der Kartellierung, Konzernierung und Vertrustung zusammengezogen. »Geschützt von den Bismarckschen Zöllen, gestützt auf die Caprivischen Handelsverträge und bestimmt durch die konservative Wendung der allgemeinen Politik war die Monopol- und Trustbildung in der chemischen wie in der elektrotechnischen Industrie Ende der neunziger Jahre nahezu abgeschlossen und mit der Gründung der Syndikate im Bereich der Schwerindustrie der Weg zum Kartell festgelegt worden. Auch in der Maschinen- und Textilindustrie, dem Bankgewerbe, dem Groß- und Kleinhandel und dem Handwerkertum hatten sich die neuen betrieblichen Organisationsformen durchgesetzt und in eigenen, zum Teil vom Staat begründeten Verbänden ihren Ausdruck gefunden.«[7]

Der ökonomische Monopolisierungsprozeß läßt das zentrale Konnexinstitut des Produktionsmitteleigentums in der Periode des Konkurrenzkapitalismus, die Vertragsfreiheit, sekundär werden. Die Vertragsbeziehungen werden in steigendem Maße individuellem Aushandeln entzogen; sie werden präfabriziert und standardisiert, vornehmlich in Allgemeinen Geschäftsbedingungen, mit denen die großen Unternehmen vermöge ihrer wirtschaftlichen Übermacht den Vertragsinhalt diktieren.[8]

Die durch die Konzentration und Zentralisation des Kapitals bewirkte Machtzusammenballung im Bereich der Wirtschaft läßt die Staatsabstinenz der Bourgeoisie, implizite Voraussetzung der Konstruktion des bürgerlichen Rechtsstaats, verschwinden. »Die Kartellierung vereinigt die wirtschaftliche Macht und erhöht dadurch unmittelbar die politische Wirksamkeit. Sie vereinheitlicht aber auch zugleich die politischen Interessen des Kapitals und

4 R. Hilferding, Das Finanzkapital, Wien 1910, S. 144.
5 Vgl. P. Sering, Jenseits des Kapitalismus, Nürnberg 1948³, S. 42.
6 W. Böhme, Prolegomena zu einer Wirtschafts- und Sozialgeschichte Deutschlands im 19. und 20. Jahrhundert, Frankfurt 1968, S. 99.
7 Ebenda.
8 Vgl. L. Raiser, Das Recht der Allgemeinen Geschäftsbedingungen, Bad Homburg 1961².

läßt die ganze Wucht der wirtschaftlichen Kraft direkt auf die Staatsmacht wirken. Sie vereinheitlicht die Interessen alles Kapitals und tritt so gegenüber der Staatsmacht viel geschlossener auf als das zersplitterte industrielle Kapital des Zeitalters der freien Konkurrenz.«[9] Der Nachtwächterstaat verwandelt sich in den von der Bourgeoisie instrumentalisierten Machtstaat, der nach innen das Proletariat als den Klassengegner in Schranken hält (mit der Peitsche der Sozialistengesetze und dem Zuckerbrot der Sozialgesetze),[10] unterentwickelte oder zurückfallende Produktionszweige durch Schutzzölle und andere Mittel zur Garantie eines profitablen Binnenmarktes vor der internationalen Konkurrenz abschirmt[11] und nach außen Kolonialgebiete erobert und Einflußsphären sichert, um den sich entwickelnden Überproduktionskrisen zu steuern. Die Machinationen des Staatsapparts, Voraussetzung für den Kapitalexport als dem Instrument der Markterweiterung und der Sicherung der Rohstoffquellen,[12] werden zum entscheidenden Konnexinstitut zur Selbsterhaltung der oligopolistisch und monopolistisch verfaßten Eigentumsverhältnisse.[13] Der für die imperialistischen Funktionen des Staatsapparats notwendige Ausbau der Rüstungsindustrie[14] beschleunigt die Zersetzung der tauschvermittelnden Konnexinstitute des Eigentums. Der Staat fungiert als umfassender, konkurrenzloser Auftraggeber der Rüstungsindustrie, die ihre Produkte, ohne die Vermittlung des Marktes, unmittelbar für den »Bedarf« herstellen kann. Die zu einer »einheitlichen kompakten Potenz zusammengefaßte Nachfrage des Staates (...) setzt aber zu ihrer Befriedigung von vornherein die Großindustrie auf höchster Stufen-

9 R. Hilferding, a. a. O. (Anm. 4), S. 431.

10 Vgl. die ausdrückliche Formulierung in der kaiserlichen Botschaft von 1881, »daß die Heilung der sozialen Schäden nicht ausschließlich im Wege der Repression sozialdemokratischer Ausschreitungen, sondern gleichmäßig auf dem der positiven Förderung des Wohls der Arbeiter zu suchen sein werde.« E. R. Huber, Dokumente zur deutschen Verfassungsgeschichte Bd. 2, Stuttgart 1964, S. 398.

11 P. Sering, a. a. O. (Anm. 5), S. 39. Der Schutzzoll wird dabei unmittelbarer Antrieb zur Kartellierung und Vertrustung, da »der inländische Preis um den Betrag des Schutzzolls über Weltmarktpreis erhöht werden konnte.« R. Hilferding, Die Aufgaben der Sozialdemokratie in der Republik, Referat auf dem SPD-Parteitag in Kiel 1927, Kiel 1927, S. 167.

12 »Mehr und mehr reüssierte die Auffassung – so hat es Walther Rathenau formuliert –, daß ›die Völker nicht mehr gute Freunde sind, sondern böse Kontrahenten‹; man war überzeugt, daß sich nur jener Staat seine Unabhängigkeit erhalten könne, der den Kampf um ›Raum für Menschen und Raum für gewinnbringenden Absatz‹ aufnehmen und gewinnen würde; und da ›Deutschlands Macht (...) mit der Kraft seiner Industrie steht und fällt, ist es so lange von der Gnade des Weltmarktes abhängig, so lange es nicht über ausreichende Rohstoffquellen in seinem Machtbereich verfügt‹. W. Böhme, a. a. O. (Anm. 6), S. 101 f.

13 Vgl. zusammenfassend zu den politischen Konsequenzen der Konzentration und Zentralisation des Kapitals die Analyse R. Hilferdings, a. a. O. (Anm. 4), S. 426 ff.

14 Vgl. E. Kehr, Soziale und finanzielle Grundlagen der Tirpitzschen Flottenpropaganda, in: Der Primat der Innenpolitik, Berlin 1965, S. 134 ff.

leiter (...) voraus. In Gestalt der militaristischen Aufträge des Staates wird die zu einer gewaltigen Größe konzentrierte Kaufkraft der Konsumentenmassen außerdem der Willkür, den subjektiven Schwankungen der persönlichen Konsumtion entrückt und mit einer fast automatischen Regelmäßigkeit, mit einem rhythmischen Wachstum begabt«.[15] Die Beziehungen zwischen Staat und Rüstungsindustrie unterliegen verwaltungstechnischen Abwicklungsregelungen, fernab vom Prinzip der Vertragsfreiheit. Die Realisation des Mehrwerts, im Konkurrenzkapitalismus gebunden an den Marktmechanismus, geschieht unmittelbar durch die staatliche Nachfrage, die eine innerkapitalistische Gebrauchswertproduktion entstehen läßt.

Den Schlußstein der Formveränderung des Privatrechtssystems im organisierten Kapitalismus der vorrepublikanischen und vordemokratischen Periode in Deutschland bildet die Kriegswirtschaft im Ersten Weltkrieg. Die öffentliche Bewirtschaftung fast aller Güter, in der Wohnungsmangelgesetzgebung und im Grundstücksverkehr[16] liegt auf der gleichen Linie der Absorbierung der Vertragsfreiheit durch staatliche Eingriffe in die vordem autonome Privatrechtsordnung.

Die durch die Entwicklung zum organisierten Kapitalismus herbeigeführte Veränderung der Konstellation von Privatrechtssystem und Verfassungsstruktur kann auf eine These gebracht werden: Der Staat avanciert, der Tendenz nach, zum realen Gesamtkapitalisten, der für eine innerkapitalistische Regulierung des ökonomischen Gesamtprozesses sorgt. Aus einer von der Verfassungsstruktur abgetrennten, gleichwohl ihr als Substrat zugrundeliegenden relativen Autonomie verwandelt sich das Privatrechtssystem zur ununterscheidbaren, unmittelbaren Substanz der Verfassungsstruktur, die die privaten Aneignungsinteressen, Kern der bürgerlichen Rechtsordnung, in eigene Regie übernimmt. Die an das Privatrechtssystem geknüpfte private Herrschaft refeudalisiert sich zur Totalität einer staatskapitalistischen Verfassungsstruktur: in der öffentlichen Gewalt multiplizieren sich die ehemals getrennten Herrschaftssphären von Staat und Gesellschaft.

---

15 R. Luxemburg, Die Akkumulation des Kapitals, Berlin 1913, S. 444.
16 F. Wieacker, a. a. O. (Anm. 2), S. 545.

IV. Die Verfassungsstruktur von Weimar

Die Weimarer Verfassung war nicht das normative Siegel auf der Revolution vom 9. November 1918. Die Verfassung sanktionierte vielmehr Veränderungen im ökonomischen und politischen System, die bereits vor der Revolution eingeleitet worden waren.
Zwei Entwicklungen, die bereits vor der Novemberrevolution einsetzen, prägen das Verhältnis von Privatrechtssystem und Verfassungsstruktur.

Die Sicherung der Kontinuität der Privatrechtsordnung

Anfang Oktober 1918 werden Verhandlungen über eine zentrale Arbeitsgemeinschaft zwischen Unternehmern und Gewerkschaften eingeleitet; die Initiative hierzu ergriff Hans von Raumer schon im Juli 1918.[1] Ziel seiner Bemühungen war, »eine organische Zusammenarbeit mit den Gewerkschaften zu finden, bevor die Flut der Ereignisse über uns alle hinwegging«.[2] Stinnes trat als Sprecher der Kapitalseite auf, Legien, Vorsitzender der Generalkommission der Gewerkschaften, fungierte als Repräsentant der Arbeiter. Legien war entschlossen, »den Klassenkampfgedanken beiseite zu schieben und sich mit seiner ganzen Persönlichkeit für die Arbeitsgemeinschaft einzusetzen«.[3] Schon in der ersten Sitzung am 22. Oktober 1918 wurden die Forderungen der Gewerkschaftsseite akzeptiert: »Anerkennung der Gewerkschaften als berufene Vertreter der Arbeiterschaft, unbeschränktes Koalitionsrecht, paritätischer Arbeitsnachweis, paritätische Schlichtungsinstanzen, Abschluß von Tarifverträgen in den einzelnen Industriezweigen, schließlich Abrücken der Unternehmer von den sogenannten ›gelben Gewerkschaften‹.«[4] Am 15. November 1918, nachdem »die Revolutionstage vom 9.

---

1 H. v. Raumer, Unternehmer und Gewerkschaften in der Weimarer Zeit, Deutsche Rundschau, 5/1954, S. 428.
2 Ebenda.
3 Ebenda, S. 429.
4 Ebenda, S. 428 f.

und 10. November (...) die Arbeit (unterbrachen)«,[5] wird die den genannten Punkten entsprechende Vereinbarung zwischen den Arbeitgeberverbänden und den Gewerkschaften unterzeichnet.[6] Das Privateigentum an den Produktionsmitteln mit seinen konnexen Folgerechten, der Direktionsgewalt im Betrieb und den tauschvermittelnden Normkomplexen, blieb unangetastet.

Die den Gewerkschaften zugestandenen Rechte fügen sich in den durch die Privatrechtsordnung abgesteckten Rahmen. Die Koalitionsfreiheit greift nicht in den privaten Verfügungsbereich des Kapitals ein; sie dient wesentlich dem kollektiven Aushandeln des Preises der Ware Arbeitskraft, deren absolute Verelendung durch das Angebotsmonopol der Gewerkschaft verbunden mit einem impliziten Streikrecht verhindert wird. Im innerbetrieblichen Bereich dagegen wird das private Herrschaftsrecht des Privateigentümers nicht tangiert; die Vertreter der Arbeiter sollen lediglich darüber wachen, »daß die Verhältnisse des Betriebes nach Maßgabe der Kollektivvereinbarungen geregelt werden«.[7]

Die Arbeitsgemeinschaftsvereinbarung sicherte die Kontinuität der Privatrechtsordnung des Kaiserreichs. Die antizipierte Revolution wurde vorab zur Sozialpolitik auf der Basis der vorgegebenen ökonomischen Verfügungsstruktur entschärft: »Man geht nicht zu weit in der Feststellung, daß die ZAG (Zentrale Arbeitsgemeinschaft) im ersten Jahre ihres Bestehens Deutschland (...) vor einer bolschewistischen Revolution bewahrt hat. Als alle Autoritäten zusammenbrachen: Monarchie, Staat, Militär und Bürokratie, schuf sie durch den Zusammenschluß der Unternehmer mit den Gewerkschaften eine Macht, die die Wirtschaft und die Betriebe in Ordnung hielt. Der bei allen Revolutionen sonst zu beobachtende Vorgang, daß sich die Arbeiter gegen ihre Arbeitgeber wandten, wurde nicht ausgelöst, weil die Gewerkschaften fest zur Ordnung und zu ihrer Aufrechterhaltung mit den Unternehmern zusammenstanden.«[8] Die Gewerkschaften erklärten, die mit der Vereinbarung über die Zentralarbeitsgemeinschaft festgesetzte Ordnung der Arbeitsverhältnisse habe »die kühnsten Erwartungen der organisierten Arbeiterschaft erfüllt«.[9] Explizit akzeptierten die Gewerkschaften die bürgerliche Privatrechtsordnung als unüberschreitbaren Rahmen: »dem Kapitalismus« sollen vermittels der durch die Nationalver-

---

5 Ebenda, S. 430.
6 Vgl. den Text des Abkommens, G. A. Ritter/S. Miller (Hrsg.), Die deutsche Revolution 1918–1919, Dokumente, Frankfurt 1968, S. 214.
7 Ebenda, Ziff. 7.
8 H. v. Raumer, a. a. O. (Anm. 1), S. 433.
9 Correspondenzblatt der Generalkommission der Gewerkschaften vom 4. Januar 1919 zit. nach G. A. Ritter/S. Miller, a. a. o. (Anm. 6), S. 221.

sammlung »gesicherten« »sozialen Demokratie« »Schranken« gezogen werden, »soweit dies mit dem Wirtschaftsleben verträglich ist«.[10] So schlossen die Gewerkschaften aus der verengten Perspektive »proletarischer Berufspolitik«[11] das Arbeitsgemeinschaftsabkommen; es kodifiziert die Sozialpartnerschaft.

Die Parlamentarisierung des politischen Herrschaftssystems

Parallel zur arbeitsgemeinschaftlichen Sanktionierung der Privatrechtsordnung wird in der Schlußphase des wilhelminischen Reiches die Verfassungsstruktur grundlegend verändert. Die parlamentarische Verantwortung der Regierung wird Anfang Oktober 1918 von oben, auf Befehl Ludendorffs, der die sich abzeichnende Niederlage auf die Mehrheit des Reichstages abwälzen wollte, eingeführt. Unter dem neuen Reichskanzler, Prinz Max von Baden, der am 3. Oktober 1918 die Nachfolge Graf Hertlings antrat, wird die Regierung um die spätere Weimarer Koalition (Mehrheitssozialdemokratie, Zentrum, Deutsche Demokratische Partei) erweitern. Am 26. Oktober 1918 wird der staatsrechtliche Strukturwechsel, der die Prärogative des Monarchen durch die des Parlaments ersetzt, verfassungsgesetzlich besiegelt. Art. 15 RV nF bestimmte nun: »Der Reichskanzler bedarf zu seiner Amtsführung das Vertrauen des Reichstages.« Ebert, Repräsentant und Führer der Mehrheitssozialdemokratie, wollte – angesichts der heraufziehenden sozialen Revolution – den verfassungsrechtlichen Umbau des Kaiserreichs mit der Hinüberrettung der Monarchie verbinden. Um sie zu erhalten, sollte der Kaiser abdanken und dem Prinzregenten Platz machen: »Wenn der Kaiser nicht abdankt«, erklärte Ebert nach dem Zeugnis von Prinz Max v. Baden, »dann ist die soziale Revolution unvermeidlich. Ich aber will sie nicht, ja, ich hasse sie wie die Sünde.«[12]
Die vor dem 9. November 1918 parallel laufenden Entwicklungen zum parlamentarischen Verfassungssystem und zur sozialpolitisch modifizierten Privatrechtsordnung wurden durch die Revolution zunächst »gestört«. Die Arbeiter- und Soldatenräte, Kampfinstrumente der Revolution und Organisationszentren einer neuen sozialistischen Ordnung, schienen im Begriff, Privatrechtsordnung und Parlamentarismus rätesozialistisch zu überwinden.

---

10 Ebenda, S. 222
11 A. Rosenberg, Geschichte der Weimarer Republik, Frankfurt 1961, S. 11.
12 Max v. Baden, Erinnerungen, Stuttgart 1968, S. 567.

Die linke Fraktion der Arbeiter- und Soldatenräte, angeführt von den revolutionären Obleuten (Müller, Däuming), propagierte ein die ökonomische und politische Sphäre umgreifendes Rätesystem.
Das Rätesystem setzt im Herrschaftszentrum das Privatrechtssystems an: im Betrieb. Das Privateigentum an den Mitteln der Produktion, aus dem die den unmittelbaren Produzenten entzogene Direktionsgewalt und das private Nutzungsrecht der gesellschaftlichen Produktion hervorgehen, sollte durch Produktionskontrolle von Arbeiterräten beschränkt und sodann in gesellschaftliches Eigentum überführt werden. Ernst Däuming, führender Vertreter des reinen Rätesystems formulierte es so: »Wir erblicken im Rätesystem die Konzentration und die organisatorische Form der sozialen Revolution, des praktischen Sozialismus. Das Rätesystem soll in seinem organisatorischen Aufbau die kapitalistische Produktionsweise mit ihrem Mehrwert schindenden Unternehmertum, ihrer anarchischen Profit- und Konkurrenzwirtschaft, ihrer Diktatur von ein paar Dutzend Finanz- und Industriemagnaten beseitigen und eine Produktionsform schaffen, in der die Produktionsmittel durch die arbeitende Allgemeinheit für diese Allgemeinheit in Tätigkeit gesetzt werden.«[13]
Theoretisch durchgearbeitet wurde dieses System von Karl Korsch, der sich an die Seite der revolutionären Obleute stellte. Korsch konkretisierte das zentrale strategische Ziel der Rätebewegung, das sich spiegelbildlich vom überkommenen Privatrechtssystem abhebt; es unterscheidet sich sowohl von dem bloßen Verstaatlichungskonzept, welches verbal von der Sozialdemokratie vertreten wurde, wie von dem späteren parteikommunistisch propagierten Primat der Avantgarde gegenüber den unmittelbaren Produzenten. Korsch plädierte in seinem programmatischen Aufsatz «Die Sozialisierungsfrage vor und nach der Revolution« in der Zeitschrift der revolutionären Obleute, »Der Arbeiter-Rat« für ein System der »industriellen Demokratie«.[14] Sie sollte die strukturelle Identität eines privatrechtlich und eines öffentlich-rechtlich organisierten Produktionsapparats, in dem die unmittelbaren Produzenten einmal den Privateigentümern, das andere Mal den staatlichen Verfügungsbeamten unterworfen sind, zerbrechen. «Dem Drängen der Masse nach (einem ...) Ausgleich gegen die ungeheure Unfreiheit des einzelnen großbetrieblichen Arbeiters unter modernen großindustriellen Produktionsverhältnissen kann nicht durch einen bloßen Wechsel des Arbeitgebers genüge getan werden; die Klasse der werktätigen Arbeiter wird als

13 E. Däuming, Irrungen und Wirrungen, Der Arbeiterrat Nr. 20/1919, S. 2 ff. zit. nach D. Schneider/E. Kuda, Arbeiterräte in der Novemberrevolution, Frankfurt 1968, S. 76 f.
14 K. Korsch, Schriften zur Sozialisierung, Frankfurt 1969, S. 52.

solche nicht freier, ihre Lebens- und Arbeitsweise nicht menschenwürdiger dadurch, daß an die Stelle des von den Besitzern des privaten Kapitals eingesetzten Betriebsleiters ein von der Staatsregierung oder der Gemeindeverwaltung eingesetzter Beamter tritt.«[15] Der »Kontrolle von oben«, der Überführung der privaten Produktionsmittel in öffentliches Eigentum, müsse eine »ebenso effektvolle Kontrolle von unten«, die »die gesamte Produktion aus der privaten Angelegenheit einzelner Produktionsausbeuter in die gemeinsame Angelegenheit sämtlicher Produktionsteilnehmer (...) umwandelt«, korrespondieren.[16] Das Rätesystem bedeutet den «offenen und totalen *Bruch* zu vollziehen mit jener objektiv längst überwundenen *bürgerlichen Rechtsvorstellung*, die jede Arbeitsstätte als Privateigentum irgendeines Besitzers, jeden arbeitenden Menschen als einen von diesem Besitzer gekauftes Betriebsmittel ansah. Durch die Wahl ihrer ›revolutionären Räte‹ bekundeten die Arbeiter ihren Entschluß, zunächst den einzelnen Arbeitsbetrieb und weiterhin dann auch die gesamte, aus einer Vielheit konkurrierender Einzelbetriebe und Konzerne zusammengesetzte kapitalistische Volkswirtschaft als wirkliches ›Gemeinwesen der Arbeit‹ und die darin beschäftigten Arbeiter als vollberechtigte Bürger dieses Gemeinwesens zu betrachten.«[17]

Das wirtschaftliche Rätesystem wurde vom Berliner Vollzugsrat der Arbeiter- und Soldatenräte als dreistufiges System von Betriebs- und Berufs-, Bezirksgruppen- und Reichsgruppenräten, aus denen als exekutiver Ausschuß der Bezirkswirtschaftsrat und der Reichswirtschaftsrat hervorgehen sollten, konzipiert.[18] Dem Prinzip der direkten Demokratie entsprechend sollten die einzelnen Räte an die Weisungen ihrer Wähler gebunden sein und von den Wählern jederzeit abgesetzt werden können.[19]

Nach den gleichen Organisationsprinzipien sollte sich auch das politische Rätesystem aufbauen, das die öffentliche Gewalt in die Hände des Proletariats legt. Wie im ökonomischen Bereich, so sollte auch im politischen Bereich das Bürgertum von der Herrschaft ausgeschlossen werden, der Konnex von Privatrechtssystem und Parlamentarismus, den das Bürgertum von der ersten Stunde der Revolution an mit der Forderung nach der Nationalversammlung favorisierte,[20] zerschnitten werden.

---

15 Ebenda.

16 Ebenda, S. 52 f.

17 K. Korsch, Arbeitsrecht für Betriebsräte, Frankf. 1968², S. 109. Hervorhebungen von Korsch

18 Ebenda, S. 111 f.

19 E. Däuming, Der Rätegedanke und seine Verwirklichung, Revolution, Unabhängiges Sozialdemokratisches Jahrbuch, Berlin 1920, S. 76, zit. nach D. Schneider/E. Kuda, a. a. O. (Anm. 13), S. 69 ff.

20 R. Müller, Vom Kaiserreich zur Republik Bd. 2, Die Novemberrevolution, Wien 1925, S. 69 f.

Auf dem I. Allgemeinen Kongreß der Arbeiter- und Soldatenräte vom 16.–21. Dezember 1918 wurde die Frage dieses Funktionskonnexes unter dem Thema Nationalversammlung oder Rätesystem diskutiert. Repräsentant der großen Mehrheit des Kongresses, der sich für die Nationalversammlung, für das parlamentarische System aussprach, war Max Cohen (SPD). Sein entscheidendes Argument lautete, daß die Arbeiter- und Soldatenräte nur einen Teilwillen darstellten, während für die Demokratie der gesamte Volkswille, der sich nur in der Nationalversammlung ausdrücken könne, konstitutiv sei.[21] Dabei hegte Cohen die Hoffnung auf eine sozialistische Mehrheit in der Nationalversammlung.[22] Diese Konzeption erscheint allerdings durch das Bündnis der Mehrheitssozialdemokratie mit dem konterrevolutionären, dem gesellschaftlichen Status quo verpflichteten militärischen und administrativen Apparat des Kaiserreichs[23] objektiv von vornherein paralysiert.

Ernst Däuming (USPD) plädierte auf dem Kongreß für das politische Rätesystem als der »Organisationsform der modernen Revolution«, mit der das Volk »wirklich aktiven Anteil an seinen Geschicken nimmt und nicht alle zwei, drei Jahre mit einem Stimmzettel in der Hand zur Wahlurne läuft«.[24] Das politische Rätesystem, das das bürgerlich-parlamentarische Repräsentativsystem und die Trennung von Exekutive und Legislative in einer durch imperatives Mandat und Abberufungsrecht gesicherten Selbstregierung der unmittelbaren Produzenten aufhebt,[25] fungiert als »Diktator des Proletariats«, welche die Beseitigung des Privatrechtssystems in der Verfassungsstruktur festmacht. Das Rätesystem, erklärten die revolutionären Sozialisten, »kommt (...) der wahren Demokratie näher, denn es schließt nur eine geringe Minderheit aus und macht aus der Diktatur des Proletariats den Willensausdruck der überwältigenden Mehrheit des Volkes.«[26]

Auf dem Rätekongreß vom Dezember 1918, der von den am praktischen Reformismus orientierten gewerkschaftlichen und sozialdemokratischen Ar-

---

21 M. Cohen, I. Kongreß der Arbeiter- und Soldatenräte, Stenographische Berichte o. O. o. J. (Berlin 1919), S. 106.

22 Ebenda, S. 109.

23 S. dazu im einzelnen unten S. 31 ff.

24 Ebenda, S. 114, 115.

25 Vgl. E. Däuming, ebenda, S. 113 ff., R. Müller, Das Rätesystem in Deutschland, in: Die Befreiung der Menschheit, Leipzig 1921, S. 171 ff. zit. nach D. Schneider/E. Kuda, a. a. O. (Anm. 13), S. 83 ff.

26 R. Müller, ebenda. Vgl. auch das von R. Luxemburg formulierte Gründungsprgramm der KPD (Spartakusbund): »Eine (...) Ausrüstung der kompakten arbeitenden Volksmasse mit der ganzen politischen Macht für die Aufgaben der Revolution, das ist die Diktatur des Proletariats und deshalb die wahre Demokratie.« Bericht über den Gründungsparteitag der KPD (Spartakusbund) o. O. o. J. (Berlin 1919), S. 53. Zum Gesamtkomplex vgl. die Darstellung von P. v. Oertzen, Betriebsräte in der Novemberrevolution, Düsseldorf 1963, S. 89 ff.

beiterfunktionären dominiert wurde,[27] beschloß die überwiegende Mehrheit (344:98)[27a], gegen das politische und ökonomische Rätesystem für die Einberufung der Nationalversammlung zu votieren. Damit war das Schicksal der Räte besiegelt, der Weg zur bürgerlichen Republik frei.

Die Politik der Volksbeauftragten

Programmatisch vorgezeichnet wurde diese Entwicklung in einem wenige Tage nach der Revolution erschienenen Aufsatz des liberalen Demokraten Hugo Preuß, den Ebert in die Regierung der Volksbeauftragten übernommen hatte und der den ersten Entwurf für die Weimarer Verfassung konzipierte. Preuß' Thesen erscheinen als das Verfassungsprogramm der Volksbeauftragten. Preuß schrieb, daß der »Versuch, den deutschen Staat unter Zurückdrängung seines Bürgertums zu konstituieren, in kurzer Zeit unabwendbar zum bolschewistischen Terror führen muß.«[28]. Als Maxime habe daher zu gelten, daß die verfassungs-strukturelle Grundlage »niemals der soziale Klassenkampf, die Unterdrückung einer sozialen Schicht durch die andere bilden, sondern nur durch die Einheit und Gleichheit aller Volksgenossen« konstituiert werden könne: »Im Rahmen der zu schaffenden demokratischen Verfassung sind die unausbleiblichen sozialpolitischen Kämpfe der Zukunft friedlich auszutragen. Die Stellung der zu konstituierenden Nationalversammlung des deutschen Volksstaates ist zugleich die Stellung zur Frage: Demokratie oder Bolschewismus.«[29] Der Begriff des Bolschewismus steht für die Antastung der Privatrechtsordnung und für die hieraus immant folgenden Veränderungen der Verfassungsstruktur.
In die gleiche Richtung wie die Thesen von Preuß ging die Praxis der Volksbeauftragten. Die tragende Säule des Privatrechtssystems, das Privateigentum an den Mitteln der Produktion blieb unangetastet. Zwar wurde eine Sozialisierungskommission eingesetzt, doch zu praktischen Maßnahmen kam es nicht. Am 15. Januar 1919 wurde auf einer gemeinsamen Sitzung des Zentralrats der Arbeiter- und Soldatenräte und der Kabinetts der Antrag der Sozialisierungskommission auf Sozialisierung des Bergbaus abgelehnt.[30] Die Volksbeauftragten, allen voran Ebert, wollten der Nationalversammlung nicht vorgreifen. Als entscheidende Ursache für das Desinteresse an

27 Vgl. A. Rosenberg, a. a. O. (Anm. 11), S. 41 f. und das Teilnehmerverzeichnis des Rätekongresses, das die Tätigkeit der Delegierten angibt, I. Kongreß der Arbeiter- und Soldatenräte, a. a. O. (Anm. 21), S. 198 ff.

27a Ebenda, S. 150.

28 H. Preuß, Volksstaat oder verkehrter Obrigkeitsstaat? Berliner Tageblatt Nr. 585 v. 11. November 1918, wieder abgedruckt in: Staat, Recht und Freiheit, aus 40 Jahren deutscher Politik und Geschichte, Hildesheim 1964, S. 365 ff., S. 366.

29 Ebenda, S. 367.

Eingriffen in die Privatrechtsordnung erscheint allerdings die gesamte mehrheitsozialdemokratische Tradition, die sozialistische Politik auf die Ausweitung des Wahlrechts und proletarische Berufspolitik begrenzte und das eigentliche Ziel des Sozialismus, die Ablösung der Privateigentumsherrschaft, zur Sonntagsphrase herabsetzte.[31] Die Stimmungen der Massen, geprägt von dieser mehrheitssozialdemoratischen Tradition, kamen der Politik der Volksbeauftragten entgegen. »Ein ernster Wille, sozialistische Maßregeln durchzuführen, zeigte sich (Mitte November 1918) im Reich bei den revolutionären Massen eigentlich nirgends.[23]«

Die Übernahme der Herrschaftsapparate des Kaiserreichs

Aus dem Programm des Kampfes gegen den »Bolschewismus« folgte, daß die explizit gegen-revolutionären Herrschaftsapparate des Kaiserreichs unverändert in die parlamentarisch verfaßte Demokratie eingebaut wurden. Der Militärapparat, der sich den Volksbeauftragten zur Verfügung stellte, übernahm Garantiefunktionen für den Bestand der Privatrechtsordnung. Einen Tag nach der Revolution, am 10. November 1918, schloß Ebert mit der Obersten Heeresleitung, vertreten durch General Groener, ein entsprechendes Bündnis: »Das Offizierskorps konnte (...) nur mit einer Regierung zusammengehen, die den Kampf gegen den Radikalismus und Bolschewismus aufnahm. Dazu war Ebert bereit (...)«.[33] In der Marneschlacht der deutschen Revolution Mitte Januar 1919, als Berliner Arbeitermassen zusammen mit Exponenten der gerade gegründeten KPD für das Forttreiben der politischen zur sozialen Revolution kämpften, bewährte sich die wilhelminische Armee als gegenrevolutionärer Rammbock: der Arbeiteraufstand wurde blutig niedergeschlagen, die Privatrechtsordnung blieb geschützt, der Weg zur Nationalversammlung war frei.

Neben dem Militärapparat blieb auch der Justizapparat des Kaiserreichs von revolutionären Eingriffen verschont. War die Sicherung der Kontinutität der Privatrechtsordnung das – objektive – Ziel der Volksbeauftragten, so mußte auch der Justizapparat, der Friktionen im kapitalistischen Tausch-

30 Protokoll nach Bundesarchiv Koblenz, Reichskanzlei R 43 I/1326 zit. nach A. Ritter/S. Miller, a. a. O. (Anm. 6), S. 245. Die Parteizeitung der SPD, der »Vorwärts«, hatte am 5. Dezember 1918 der Sozialisierungskommission die Aufgabe gestellt, »von vornherein beruhigend zu wirken in dem Sinne, daß keine unvernünftigen Experimente zu befürchten sind«. Ebenda, S. 237.

31 Vgl. A. Rosenberg, Geschichte der Weimarer Republik, Frankfurt 1961, S. 29.

32 A. Rosenberg, Entstehung der Weimarer Republik, Frankfurt 1961, S. 239.

33 W. Groener, Lebenserinnerungen, Göttingen 1957, S. 467. »Ebert ging auf meinen Bündnisvorschlag ein. Von da ab besprachen wir uns täglich abends auf einer geheimen Leitung zwischen der Reichskanzlei und der Heeresleitung über die notwendigen Maßnahmen. Das Bündnis hat sich bewährt.« Ebenda, S. 467 f.

verkehr judiziell zu lösen hat, erhalten werden. Schon am 16. November 1918 proklamierte der Rat der Volksbeauftragten in einer Verordnung die Fortexistenz des Prinzips der Unabhängigkeit der Richter.[34] Das liberal-rechtsstaatliche Prinzip der Unabsetzbarkeit der Richter war damit verfassungsstrukturell verankert. Die Hypostasierung des Prinzips der Unabsetzbarkeit der Richter, das als bürgerlich-revolutionäre Emanzipationslosung gegen die absolutistische Monarchie seine eigentliche Bedeutung hatte, wurde von Erich Kuttner, einem sozialdemokratischen Landtagsabgeordneten in Preußen, unter demokratischen Aspekten kritisiert: »Für die heutigen Verhältnisse (...) bedeutet die Unabsetzbarkeit und Unversetzbarkeit der Richter (...), daß wir gezwungen sind, den rückständigen Justizapparat des alten Systems genauso zu übernehmen, wie ihn dieses hinterlassen hat. Selbst die in demokratischen Dingen hundert Jahre länger als wir geschulten Franzosen sind der Ansicht gewesen, daß in solchen Situationen die Unabsetzbarkeit der Richter kein unantastbares Dogma sein kann. Nach dem Sturz des Bonapartismus im Jahre 1870 hat die französische Republik, die keineswegs radikal regiert war, die richterliche Unabsetzbarkeit für drei Jahre aufgehoben. Die deutsche Republik von 1918 ist viel milder verfahren. Sie hat lediglich den Beamten, die glaubten, die Fortführung ihres Amtes in der Republik nicht mit ihrem Gewissen vereinbaren zu können, freigestellt, unter voller Wahrung ihrer materiellen Rechte aus dem Dienst auszuscheiden. In Preußen haben von diesem Recht nach Angabe des preußischen Innenministers nur 0,15 Prozent der Richter (etwa 1 auf 700) Gebrauch gemacht, dagegen 10 Prozent der höheren Verwaltungsbeamten. Die große Masse der Richter ist also im Dienst der Republik geblieben, obwohl sie ihr innerlich feindlich gesinnt ist.«[35]

Als dritter Herrschaftsapparat des Kaiserreichs wurde der Verwaltungsapparat, der im Wege gesetzmäßiger Exekutivpraxis die Rahmenbedingungen für das Funktionieren des Privatrechtssystems zu sichern hat, in die Weimarer Republik übernommen. Sichtbares Zeichen war die Inkorporation der Staatssekretäre aus dem wilhelminischen Obrigkeitsstaat ins Regime der Volksbeauftragten.[36]

---

34 Vgl. H. und E. Hannover, Politische Justiz 1918–1933, Frankfurt 1966, S. 22.

35 Ebenda.

36 Vgl. W. Abendroth, Aufstieg und Krise der deutschen Sozialdemokratie, Frankfurt 1964, S. 55, R. Müller, a. a. O. (Anm. 20), S. 46 f., W. Apelt, Geschichte der Weimarer Verfassung, München 1964², S. 42 f. Angesichts der faschistischen Machtergreifung revidierte die sozialdemokratische Führung die Einschätzung der verfassungspolitischen Rolle der Volksbeauftragten in der Novemberrevolution. 1934 bemerkt der Emigrationsparteivorstand der SPD zur Entstehungsgeschichte der Verfassungsstruktur von Weimar: »Der politische Umschwung 1918 vollzog sich am Abschluß einer konterrevolutionären Entwicklung, die durch den Krieg und die nationalistische Aufpeitschung der Arbeitermassen bedingt war. Nicht durch den organisierten, vorbereiteten, gewollten, revolutionären

Das Verfassungssystem, das von der Weimarer Nationalversammlung am 11. August 1919 normativiert wurde, bewegt sich zwar im Prinzip im Rahmen der vorweg sanktionierten Machtverhältnisse. Es enthält aber auch Sprengelemente, die gegen das Privatrechtssystem instrumentierbar sind. Diese Ambivalenz, das Privatrechtssystem zu garantieren und eine virtuelle Speerspitze gegen es zu richten, durchherrscht die Verfassungsstruktur.

Die eine Grundlinie der Verfassung bezeichnet Apelt: «Die Idee der demokratisch-parlamentarischen Republik tritt schützend vor die bestehende Sozialordnung und nimmt den Kampf mit dem Bolschewismus auf.«[37] Die entsprechenden Artikel der WRV machen dies deutlich. Art. 153 WRV garantiert das Privateigentum, das zentrale Herrschaftsinstitut des Kapitalismus. Auch die Konnexinstitute des Privateigentums, Vertragsfreiheit (Art. 152 WRV), Vererbungsfreiheit (Art. 154 WRV), werden verfassungsgesetzlich geschützt. Gerhard Anschütz, der führende Kommentator der WRV resümiert: Die »drei Grundpfeiler der individualistischen Rechts-, Wirtschafts- und Gesellschaftsordnung, welche die Revolution wohl erschüttert, nicht aber umgestürzt hatte, (sind) aufs neue verankert und befestigt«.[38]

Als Gegenpol zur Garantie der Privatrechtsordnung durch die Verfassung ist der Räteartikel 165 WRV[39] angesehen worden. Sowohl liberale wie

---

Kampf der Arbeiterklasse, sondern durch die Niederlage auf den Schlachtfeldern wurde das kaiserliche Regime beseitigt. Die Sozialdemokratie als einzig intakt gebliebene organisierte Macht übernahm ohne Widerstand die Staatsführung, in die sie sich von vornherein mit den bürgerlichen Parteien, mit der alten Bürokratie, ja mit dem reorganisierten militärischen Apparat teilte. Daß sie den alten Staatsapparat fast vollständig übernahm, war der schwere historische Fehler, den die während des Krieges desorientierte deutsche Arbeiterbewegung beging.« W. Abendroth, ebenda, S. 116.

37 W. Apelt, a. a. O. (Anm. 36), S. 37.

38 G. Anschütz, Die Verfassung des deutschen Reiches, Berlin 1929^{11}, S. 602

39 »Die Arbeiter und Angestellten sind dazu berufen, gleichberechtigt in Gemeinschaft mit den Unternehmern an der Regelung der Lohn- und Arbeitsbedingungen sowie an der gesamten wirtschaftlichen Entwicklung der produktiven Kräfte mitzuwirken. Die beiderseitigen Organisationen und ihre Vereinbarungen werden anerkannt.
Die Arbeiter und Angestellten erhalten zur Wahrnehmung ihrer sozialen und wirtschaftlichen Interessen gesetzliche Vertretungen in Betriebsarbeiterräten sowie in nach Wirtschaftsgebieten gegliederten Bezirksarbeiterräten und in einem Reichsarbeiterrat. Die Bezirksarbeiterräte und der Reichsarbeiterrat treten zur Erfüllung der genannten wirtschaftlichen Aufgaben und zur Mitwirkung bei der Ausführung der Sozialisierungsgesetze mit den Vertretungen der Unternehmer und sonst beteiligten Volkskreise zu Bezirkswirtschaftsräten und zu einem Reichswirtschaftsrat zusammen. (. . .)
Sozialpolitische und wirtschaftspolitische Gesetzentwürfe von grundlegender Bedeutung sollen von der Reichsregierung vor ihrer Einbringung dem Reichswirtschaftsrat zur Begutachtung vorgelegt werden. Der Reichswirtschaftsrat hat das Recht, selbst solche Gesetzesvorlagen zu beantragen. (. . .)
Den Arbeiter- u. Wirtschaftsräten können auf den ihnen überwiesenen Gebieten Kontroll- und Verwaltungsbefugnisse übertragen werden.« (Art. 165 WRV).

sozialistische Verfassungsjuristen erblickten in ihm die Verankerung des wirtschaftlichen Rätesystems in der Verfassung.[40] Bei näherem Zusehen zeigt sich allerdings, daß der verfassungsgesetzliche Räteartikel direkt aus der Konzeption der Arbeitsgemeinschaft, der Zusammenarbeit von Gewerkschaften und Unternehmern auf der Basis der vorgegebenen Privatrechtsordnung, hervorgegangen ist. »Der Reichsregierung gelang es, die Abgesandten des Radikalismus (eine Abordnung Berliner Arbeiter) zu beschwichtigen und das unbequeme Verlangen, das (...) auf die Stabilisierung eines politischen Rätesystems abzielte, auf die Beteiligung von Arbeiterräten im Wirtschaftsleben abzulenken.«[41]

Hugo Sinzheimer, der Verfasser des Räteartikels, hat dies ausdrücklich bestätigt und bemerkt, daß sich der Antagonismus von Lohnarbeit und Kapital nur in der Sphäre der Sozialpolitik des Betriebs, für den die Arbeiterräte zuständig sein sollten, auszuwirken habe, während für die wirtschaftliche Ebene das Prinzip der Zusammenarbeit von Lohnarbeit und Kapital gelte.[42] Die »Mitwirkung an der gesamten wirtschaftlichen Entwicklung« (Art. 165 I WRV) wurde nicht verstanden als Vorbereitung der Sozialisierung, die allein der staatlichen Zentralinstanz zustehe.[43] Die dem genuinen Räteprinzip innewohnende Konzeption der Selbstbestimmung der Arbeiter in der Produktion wurde zur sozialpolitischen Begrenzung der aus dem Privateigentum abgeleiteten Verfügungsgewalt verdünnt. Instrument hierzu sollten die Arbeiterräte sein (1920 institutionalisiert durchs Betriebsrätegesetz). Im allge-

40 G. Anschütz, ebenda, S. 640 f. Vgl. W. Abendroth, Der demokratische und soziale Rechtsstaat als politischer Auftrag, in: Wirtschaft, Gesellschaft und Demokratie in der Bundesrepublik, Frankfurt 1965, S. 10.

41 W. Apelt, a. a. O. (Anm. 36), S. 86; vgl. G. Anschütz, a. a. O. (Anm. 31), S. 601 f.

42 »Im Wirtschaftsleben besteht ein Gegensatz und eine Gemeinschaft. Der Gegensatz, der in unserem Wirtschaftsleben besteht und nicht übersehen werden kann, ist der Gegensatz von Arbeit und Kapital. Deswegen ist erforderlich, wie schon die Kapitalinteressen ihre öffentlich-rechtliche Vertretung haben in den Handelskammern usw., auf der anderen Seite der Arbeit ihre besondere öffentlich-rechtliche Vertretung zu verschaffen, die sich auf alle Arbeiter und Angestellten erstreckt (...). Dieses öffentlich-rechtliche Vertretungsorgan ist der Arbeiterrat. Er ist eine einseitige Interessenvertretung, darauf gerichtet, den geschäftlichen Einfluß der Arbeiterschaft im ganzen zu erhöhen und zur Geltung zu bringen. Im Wirtschaftsleben besteht aber nicht nur ein Gegensatz zwischen Arbeit und Kapital, sondern auch eine Gemeinschaft. Diese Gemeinschaft wird gegründet durch das Produktionsinteresse der Arbeitgeber und der Arbeitnehmer. Die Wirtschaftsräte haben die Aufgabe, im Gegensatz zu den Arbeiterräten, diese gemeinsamen Produktivaufgaben, an denen Arbeitgeber wie Arbeitnehmer interessiert sind, zur Geltung zu bringen. Sie sollen die Interessen der Produktion fördern und alle an der Produktion interessierten Kreise heranziehen, um die Produktivität zu steuern, die Produktionskosten zu verringern und die Produktion möglichst unter sozialen Gesichtspunkten zu regeln.« H. Sinzheimer, in: Verhandlungen der verfassunggebenden Deutschen Nationalversammlung, Bd. 328, Stenographische Berichte, Berlin 1920, S. 1750.

43 Vgl. E. Fraenkel, Rätemythos und soziale Selbstbestimmung, in: Aus Politik und Zeitgeschichte B 14/71 (Bonn 1971), S. 21 ff.

mein-ökonomischen Bereich sollten die Wirtschaftsräte die »gemeinsamen Produktivaufgaben« von Arbeitgebern und Arbeitnehmern erfüllen,[44] als Organe der Klassenkooperation auf der Basis der Privatrechtsordnung fungieren. Ihr Zentrum, die private Aneignung des gesellschaftlichen Produkts, sollte nicht tangiert werden.[45] Nach Art. 165 IV WRV reduzierte sich die Aufgabe des Spitzenorgans der Wirtschaftsräte, das noch die größten Kompetenzen erhält, auf eine Berater- bzw. Initiativfunktion bei sozial- und wirtschaftspolitischen Gesetzen.

Die Wirtschaftsräte erwiesen sich als Totgeburt. Der Reichswirtschaftsrat, der einzige der wirtschaftlichen Räte, der formell in Funktion gesetzt worden war, hauchte sein Leben aus, ohne je praktische Arbeit geleistet zu haben, als die Unternehmer, ökonomisch erstarkt, sich 1924, nachdem die «Wirren» der Revolution verflogen waren, von der Arbeitsgemeinschaft zurückzogen. Der verfassungsgesetzlichen Zementierung der Privatrechtsordnung wird durch volksstaatlich angereicherte Formulierungen, die aus der Vorstellungswelt Friedrich Naumanns stammen, in gewisser Weise entgegengewirkt. «Die Ordnung des Wirtschaftslebens muß den Grundsätzen der Gerechtigkeit mit dem Ziele der Gewährleistung eines menschenwürdigen Daseins für alle entsprechen« (Art. 151 I WRV); »Eigentum verpflichtet; sein Gebrauch soll zugleich Dienst sein für das gemeine Beste« (Art. 153 III WRV); »Jeder Deutsche hat unbeschadet seiner persönlichen Freiheit die sittliche Pflicht, seine geistigen und körperlichen Kräfte so zu betätigen, wie es das Wohl der Gesamtheit erfordert« (Art. 163 I WRV).[45a] Diesen Verfassungssätzen messen linke und liberale Verfassungsrechtler besondere Bedeutung zu. Abendroth vertritt die These, daß die sozialstaatlichen Ansprüche des Verfassungstextes erst im Zuge der restaurativen Entwicklung nach 1920, die den politschen Einfluß der Sozialisten zurückdrängte, von der Rechtssprechung und Rechtslehre zu bloßen Leerformeln und Programmsätzen, die Legislative und Judikative nicht mehr verpflichteten, entspannt wurden.[46] Ähnlich argumentiert Apelt: die neuen sozialen Grundrechte seien, »obgleich in leicht phrasenhaft anmutenden Formulierungen steckengeblieben«, ein »Ideenschatz«, aus dem eine soziale Demokratie sich hätte entwickeln lassen.[47]

Zwar richten sich die sozialen Grundrechte gegen die Herrschaftsprivilegien der Privatrechtsordnung. Die Durchsetzbarkeit dieser Grundrechte ist aber durch die verfassungsrechtliche Normierung nicht verbürgt. Denn die eben-

---

44 H. Sinzheimer, a. a. O. (Anm. 42).
45 Vgl. zum gesamten Problem K. Korsch, a. a. O. (Anm. 17), S. 108 ff., 120 ff.
45a Vgl. auch Art. 157, 161, 162, WRV.
46 W. Abendroth. a. a. O. (Anm. 40), S. 10 f.
47 W. Apelt, a. a. O. (Anm. 36), S. 352 f.

falls verfassungsgesetzlich sanktionierten Säulen der Privatrechtsordnung, Ausdruck der sozialen Machtverhältnisse, stehen quer zu den sozialen Grundrechten. Deren Durchsetzbarkeit hängt ab vom politischen Kräftefeld.

Das politische Kräftefeld ist verfassungsrechtlich durch den Parlamentarismus und das Grundrechtssystem bestimmt. Im politischen Bereich können sich die Repräsentanten der Privatrechtsordnung und der Lohnarbeiterklasse prinzipiell gleichberechtigt gegenübertreten.

Daraus ist die generelle These abgeleitet worden, die Weimarer Verfassung sei der juristische Ausdruck eines Klassenkompromisses von Arbeiterklasse und Bürgertum, das Privatrechtssystem werde durch sozialstaatliche Kautelen, die im politischen Bereich festgelegt werden, beschränkt. Ernst Fraenkel geht davon aus, daß die soziale Revolution 1918/19 mit dem Remis einer paritätischen Regelung abschloß, die sich sowohl in der Arbeitsgemeinschaft von Gewerkschaften und Unternehmern wie in dem »politischen Tarifvertrag« der Weimarer Koalition kristallisierte.[48] In die gleiche Richtung geht die Analyse Franz Neumanns: »Der Klassenkampf sollte in eine Klassenzusammenarbeit verwandelt werden – das war das Ziel der Verfassung (...). Ein Kompromiß zwischen allen sozialen und politischen Gruppen war das Wesen der Verfassung. Antagonistische Interessen sollten unter dem Vorzeichen einer pluralistischen Struktur harmonisiert werden, verborgen unter der Form der parlamentarischen Demokratie.«[49] Zugespitzt hat diese These Otto Bauer in seiner Theorie vom Gleichgewicht der Klassenkräfte. Das Gleichgewicht der Klassenkräfte sei dadurch charakterisiert, daß es keiner der beiden antagonistischen Klassen gelinge, die ökonomische und politische Suprematie zu erlangen. Die Folge hiervon sei, daß eine Regelung der einen oder anderen Klasse nur mit stillschweigender Zustimmung und unter starker Kontrolle ihrer Klassengegner regieren kann.[50]

Die These vom Klassenkompromiß der Weimarer Verfassung ist richtig und falsch zugleich. Falsch insofern, als die Privatrechtsordnung durch keinen politischen Kompromiß begrenzt ist. Der Kern des Privatrechtssystems, die soziale Diktatur der privaten Aneignung des gesellschaftlich erzeugten Produkts mit den hieraus folgenden tauschvermittelnden und unternehmensverfassungsrechtlichen Konnexinstituten, wird von der sozialpolitischen Verteilungssphäre nicht berührt.[51] Ist einmal die Privatrechtsordnung gesichert, so ist die öffentliche Gewalt an die Funktionsbedingung der Privatrechtsord-

48 E. Fraenkel, Abschied von Weimar?, in: Zur Soziologie der Klassenjustiz und Aufsätze zur Verfassungskrise 1931–1932, Darmstadt 1968, S. 57 ff.

49 F. Neumann, Behemoth, The Structure and Practice of National Socialism, New York 1966^4, S. 9 f.

50 O. Bauer, Das Gleichgewicht der Klassenkräfte, in: H. J. Sandkühler/R. Vega (Hrsg.), Austromarxismus, Frankfurt 1970, S. 91.

51 Vgl. A. R. Gurland, Marxismus und Diktatur, Leipzig 1930, S. 96.

nung gebunden, der sie wirtschaft-, finanz-, handels- und außenpolitisch sozusagen sachneutral genügen muß.[52]
Richtig ist die These vom Klassenkompromiß aber insofern, als sie die im Rahmen der Privatrechtsordnung gegebenen Aktionschancen der Unterklassen benennt. Der Ort des Klassenkompromisses ist die Verteilungssphäre. »Sie umfaßt den Anteil der vom kapitalistischen Wirtschaftssystem in irgendeiner Form abhängigen Bevölkerung am Sozialprodukt, das sich ausdrückt in Tarifverträgen, Bestimmungen über Sozialversicherung, Arbeitslosigkeit, Wohnungswesen (...). Hier wirken sich die jeweiligen innenpolitischen Machtverhältnisse zwischen Arbeiterschaft und Kapital aus.«[53]
Über den mit der Verteilungsspähre gesetzten Handlungsspielraum hinaus, der den Arbeiterorganisationen defensive soziale und lohnpolitische Schutzpositionen sichert, enthält die Verfassungsstruktur weitere potentielle Einfallstore in die Privatrechtsordnung. Grundrechtssystem und Parlamentarismus gewähren den Klassen, die von der Verfügung über die Privilegienapparatur der Privatrechtsordnung ausgeschlossen sind, Einfluß- und Machtchancen. Meinungs-, Presse-, Versammlungs- und Vereinigungsfreiheit (Art. 118, 123, 159 WRV) garantieren den Organisationen der Unterklassen Aktionssphären; sie können gegen das Privatrechtssystem arbeiten. Die parlamentarische Verfassung der öffentlichen Gewalt gibt den politischen Repräsentanten der Lohnarbeiterklasse die Chance, den legislativen und exekutiven Apparat gegen die Privateigentumsherrschaft zu instrumentalisieren. Der Sozialisierungsartikel 156 WRV bietet die rechtstechnische und verfassungsrechtlich gesicherte Möglichkeit der Transformation des Privatrechtssystems in ein System vergesellschafteten Eigentums.
Dies ist nicht nur eine abstrakte Möglichkeit: Obgleich die reformistische Sozialdemokratie 1918 für die Kontinuität der Privatrechtsordnung sorgte, hält sie doch programmatisch an dem Ziel der Aufhebung der Privateigentumsherrschaft fest. Im Heidelberger Programm 1925 formuliert die SPD: »Das Ziel der Arbeiterklasse kann nur erreicht werden durch die Verwandlung des kapitalistischen Privateigentums an den Produktionsmitteln in gesellschaftliches Eigentum.«[54] Diese Programmatik kann von politisierten Massen beim Wort genommen werden. Sie bezeichnet ein proletarisches Gemeinbewußtsein, das in bestimmten geschichtlichen Situationen Handlungsrelevanz annimmt: wie 1923, als in Thüringen und Sachsen Arbeiterregierun-

52 Vgl. O. Kirchheimer, Weimar – und was dann? Analyse einer Verfassung, in: Politik und Verfassung, Frankfurt 1964, S. 41 f. Vgl. auch W. Müller/C. Neusüss, Die Sozialstaatsillusion und der Widerspruch von Lohnarbeit und Kapital, Sozialistische Politik, Juni 1970, Heft 6/7, S. 4 ff., S. 40.
53 O. Kirchheimer, ebenda, S. 42.
54 W. Abendroth, a. a. O. (Anm. 36), S. 108.

gen von SPD und KPD gebildet wurden. Die öffentliche Gewalt der Länderregierungen artikulierte die gegen das Privatrechtssystem gerichteten Interessen der Unterklassen. Die thüringische Regierung ergreift z. B. Maßnahmen zur Kontrolle der Konzerne.[55]
Die in der Verfassungsstruktur verankerten Elemente politischer Demokratie markieren die Achillesferse der Privatrechtsordnung. Öffentliche Gewalt und soziale Macht klaffen potentiell auseinander. Marx hat dies für den analogen Fall der aus der Märzrevolution von 1848 hervorgegangenen französischen Verfassung konzis analysiert: »Der umfassende Widerspruch dieser Konstitution (...) besteht darin: Die Klassen, deren gesellschaftliche Sklaverei sie verewigen soll, Proletariat, Bauern, Kleinbürger, setzt sie durch das allgemeine Stimmrecht in den Besitz der politischen Macht. Und der Klasse, deren alte gesellschaftliche Macht sie sanktioniert, entzieht sie die politischen Garantien dieser Macht. Sie zwängt ihre politische Herrschaft in demokratische Bedingungen, die jeden Augenblick den feindlichen Klassen zum Sieg verhelfen und die Grundlagen der bürgerlichen Gesellschaft selbst in Frage stellen. Von den einen verlangt sie, daß sie von der politischen Emanzipation nicht nur sozialen fort-, von den anderen, daß sie von der sozialen Restauration nicht zur politischen zurückgehen.«[56]
Als Resümee bleibt festzuhalten: In der Weimarer Verfassung blieb – anders als in der Französischen Revolution, in der das Bürgertum seine gesellschaftliche Vormachtsstellung in verfassungsrechtliche Positionen ummünzte – von den revolutionären Organen, die die öffentliche Gewalt des wilhelminischen Reiches beseitigt hatten, kaum eine Spur. Die Weimarer Verfassung veränderte das politische Herrschaftssystem, gab ihm eine parlamentarische Legitimation, ohne die Privatrechtsordnung im Kern anzutasten. Trotzdem blieb die Privatrechtsordnung vom egalitär strukturierten politischen Bereich, der den von Privateigentumsprivilegien ausgeschlossenen Klassen politische Einflußnahme und eine gewisse defensive Stärke gewährte, virtuell bedroht. Diese Ambivalenz bestimmt den Rahmen für die Einzelbeziehungen von Privatrechtssystem und Verfassungsstruktur.

55 W. Ruge, Weimar – Republik auf Zeit, Berlin 1969, S. 132.
56 K. Marx, Die Klassenkämpfe in Frankreich, MEW Bd. 7, Berlin 1971, S. 43.

V. Die Rolle der Eigentumsgarantie und des Instituts der Enteignung in der Verfassungsstruktur

In der Eigentumsgarantie des Art. 153 WRV konzentriert sich wie in einem Brennpunkt der Funktionszusammenhang von Privatrechtssystem und Verfassungsstruktur. Das Privateigentum als das Zentralinstitut der bürgerlichen Privatrechtsordnung, aus dem der gesamte Spannkreis des Privatrechtssystems, seine Konnexinstitute sich ausfächern, wird verfassungsrechtlich gewährleistet und dadurch mit einer besonderen Bestandsgarantie versehen. Das Verfassungsrecht fungiert als schützender Rahmen der Privatrechtsordnung entsprechend dem entscheidenden Tatbestand, der der Verfassungsnormierung vorgeschaltet war: der Sanktionierung der Privatrechtsordnung im Arbeitsgemeinschaftsabkommen der Unternehmer und Gewerkschaften vom 15. November 1918.

Neben der Garantiefunktion der Weimarer Verfassung für die Kontinuität der Privatrechtsordnung sind versprengte Elemente der versuchten sozialen Revolution von 1918/19 in den Verfassungstext eingegangen, die das Gehäuse des Privateigentums unterminieren könnten. Diesem Aspekt hat Kirchheimer große Bedeutung beigemessen: »Die Weimarer Reichsverfassung hat am deutlichsten von allen Nachkriegsverfassungen das laissez-faire, laissez-passer, das die bürgerlichen Verfassungen des 19. Jahrhunderts den Fragen der Wirtschaft gegenüber bezeugten, endgültig beseitigt (. . .). Der liberale Rechtsstaat des 19. Jahrhunderts hätte den Gedanken, den Gesamtkomplex des Wirtschaftslebens nach der aktiven Seite hin in den Bereich seiner Erörterungen zu ziehen, weit von sich gewiesen; eine privatkapitalistische Wirtschaftsordnung hat keinen Platz für eine Regelung des Gesamtablaufs des Wirtschaftsprozesses unter übergeordneten Gesichtspunkten.«[1] Hieraus zieht Kirchheimer den Schluß: »Im Systemzusammenhang der Weimarer Verfassung sind Schranken (des Eigentums) keine einem kapitalistischen Wirtschaftssystem immanente Grenze, es sind Wertsetzungen, die der Staat auch aus nichtkapitalistischen Motivationen heraus dem Eigentum aufzuzwingen berechtigt ist, wie dies der Art. 155 und 156 der Reichsver-

---

1 O. Kirchheimer, Die Grenzen der Enteignung, Berlin 1930, S. 29 f.

fassung verdeutlicht (...) Inhaltsbestimmungen des Eigentums heißt (...) Recht des Staates zur positiven Normierung des Eigentums-Machtbereichs.«[2] Daß auch die individuelle Eigentumsgarantie durch die Möglichkeit des Entschädigungsausschlusses (Art. 153 II WRV) eingeschränkt wurde, zeigt, »daß der Enteignung nicht mehr ihr früherer Ergänzungscharakter im Verhältnis zur Eigentumsgarantie zukommt, sondern daß sie lediglich ein Unterfall des allgemein ausgesprochenen Grundsatzes ist: dem Gesetzgeber gegenüber kann sich der Eigentümer nicht auf die Eigentumsgarantie berufen.«[3] Wenngleich gegen diese Interpretation verfassungsexegetisch keine Einwände zu erheben sind, sie also als – abstrakt – richtig erscheint, so unterschätzt Kirchheimer doch das Gewicht der verfassungskräftig verbürgten Trinität der Privatrechtssäulen Eigentumsfreiheit (Art. 153 WRV), Vertragsfreiheit (Art. 152 WRV) und Vererbungsfreiheit (Art. 154 WRV). Gegenüber diesen verfassungsgesetzlichen Tatbeständen, die nicht nur auf der normativen Ebene situiert sind, sondern mit der ökonomischen Realverfassung korrelieren, sitzt Kirchheimer einem verfassungsnormativen Idealismus auf: der realen, auch verfassungskräftig verbürgten Kontinuität der Privatrechtsordnung, für die nicht zuletzt die Mehrheitssozialdemokratie sorgte, kann er nur postulativ entgegenarbeiten. Zudem geht Kirchheimer davon aus, daß die WRV sich »nicht positiv zu einer anderen Wirtschaftsordnung bekannt«[4] habe. Dieser Charakter einer »Verfassung ohne Entscheidung«[5], wie er es an anderer Stelle formuliert, ließ eben auch die Entscheidung nach der Seite der Privatrechtsordnung offen. In einer normativ offen gehaltenen Lage aber entscheiden die Machtverhältnisse.

War einmal für die Kontinuität der Privatrechtsordnung des Kaiserreichs in der Weimarer Republik gesorgt, so muß das Institut der Enteignung seine Funktion *innerhalb* der Privatrechtsordnung erfüllen.

Im bürgerlichen Rechtsstaat hat das Institut der Enteignung eine spezifische Formung empfangen. Es war die andere Seite der Eigentumsgarantie, d. h. es fungierte im Bezugsrahmen der Privateigentumsordnung.[6] In den Elementen des klassischen Enteignungsbegriffs wird dies deutlich. Der Eingriff in das Eigentum kann nur aufgrund eines Gesetzes erfolgen; damit ist die absolutistische Suprematie der Exekutive an das Parlament, in dem das Bürgertum seine allgemeinen Interessen in Gesetzesform artikulieren kann, übergegangen. »Auf dieser sicheren Grundlage wird die Ausnahme fest-

2 Ebenda, S. 37.
3 Ebenda, S. 40.
4 Ebenda, S. 40.
5 O. Kirchheimer, Weimar – und was dann? Analyse einer Verfassung, in: Politik und Verfassung, Frankfurt 1964, S. 52 ff.
6 O. Kirchheimer, a. a. O. (Anm. 1), S. 13.

gestellt, die eben darin ihre Bedeutung und Umgrenzung findet, daß sie sich niemals auf ganze Eigentumskategorien bezieht.«[7] Zum Begriffsmerkmal der Enteignung gehört entsprechend der Einzeleingriff in unbewegliches Eigentum. Die Entziehung des Eigentums muß verbunden sein mit dessen Übertragung auf ein öffentliches Unternehmen oder auf einen dem öffentlichen Wohl verpflichteten Privaten; diese Voraussetzungen sollen den Eingriff an die Legitimierung durch das Allgemeinwohl (idealtypisch sichtbar z. B. beim Bau der Eisenbahnen) binden. Mit der Entschädigungspflicht bei Enteignung schließt sich der Kreis: die vermögenswerte Substanz des Eigentums darf durch einen öffentlich-rechtlichen Eingriff nicht aufgehoben werden; ihre Fortexistenz folgt aus dem Funktionsprinzip der Privateigentumsordnung, der Erhaltung des »sich selbst verwertenden Werts«.[8]
In Weimar hat sich eine inhaltliche Erweiterung, ja Umwandlung des klassischen Enteignungsbegriffs durchgesetzt, die dessen Funktion der Bestandssicherung der Privateigentumsordnung identisch bewahrt.
Die Auflösung des klassischen Enteignungsbegriffs wurde von der Lehre in Gang gesetzt und von der Rechtsprechung nach einigem Zögern aufgenommen. Intellektueller Protagonist für die Entkonturierung des Enteignungsbegriffs war Martin Wolff, der 1923 seinen bekannten Aufsatz »Reichsverfassung und Eigentum«[9] in der Kahl-Festschrift veröffentlichte. Der Aufsatz erschien in dem Jahr, als Sozialdemokraten und Kommunisten in Thüringen und Sachsen eine Arbeiterregierung bildeten. Deutlich schlägt die politische Motivation für die Ausweitung des Enteignungsbegriffs durch die juristische Feinmechanik hindurch. Mit einer explizit politischen Begründung erklärt Martin Wolff die Auffassung, der zufolge auch ein Landesgesetzgeber über die Angemessenheit einer Enteignungsentschädigung entscheiden könne, für falsch: »Sonst könne ein linksradikal regiertes Land nummo uno enteignen, und die Eigentumsgarantie des Art. 153 II WRV wäre ausgehöhlt.«[10]
An einer anderen Stelle votiert Martin Wolff dafür, eine Enteignung schon in der Begründung obligatorischer Pflichten zur Rechtsübertragung zu sehen: »Wäre es anders, so würde ein kommunistisch gerichteter Landesgesetzgeber in der Lage sein, auf einem Umwege, durch entschädigungslose ›Aufforderung‹, die Grundeigentümer zu rechtsgeeschäftlichen Übereignungen an den

7 Ebenda, S. 13.
8 K. Marx, Das Kapital I, MEW Bd. 23, Berlin 1962, S. 209.
9 M. Wolff, Reichsverfassung und Eigentum, Separatdruck, o. O. o. J. (1923).
10 Ebenda, S. 18.

Staat zu zwingen.«[11] Auch der führende Kommentator des WRV, Anschütz, argumentiert aus einer bestimmten politischen Position heraus für eine extensive Interpretation des Enteignungsbegriffs: »Es läßt sich nicht leugnen, daß das Privateigentum der Staatsgewalt heute tatsächlich in weit höherem Maße ausgeliefert ist, also schutzbedürftiger ist als in den Zeiten vor der Staatsumwälzung (...).«[12] Diese Bemerkungen zeigen, wie die Auslegung des Enteignungsbegriffs die Immanenz der juristischen Dogmatik sprengt. Die juristische Interpretation erscheint als geistige Klassenauseinandersetzung um den Bestand des Privateigentums.

Zielbewußt erweitert Martin Wolff den klassischen Enteignungsbegriff. Der Begriff der Enteignung umfaßt ihm zufolge nicht nur die Eigentumsentziehung durch Verwaltungsakt aufgrund eines Gesetzes, sondern auch die Eigentumsentziehung durch Gesetz.[13] Diese Auslegung wurde h. L.[14] und von der Rechtssprechung[15] übernommen. Auch die These von Martin Wolff, daß nicht allein das dingliche Eigentum, sondern jedes »beliebige private Vermögensrecht (...)«[16] Gegenstand eines Enteignungseingriffs sein könne, wurde von der Rechtsprechung akzeptiert: »Alle subjektiven Privatrechte einschließlich der Forderungsrechte«[17] genießen Eigentumsschutz. In gleicher Weise wurde ebenfalls im Anschluß an Martin Wolff[18] der dritte Begriffsmerkmal der Enteignung, die Übertragung auf ein öffentliches Unternehmen, in dem bekannten Urteil, in welchem die Eintragung eines Grundstücks in eine Denkmalsschutzliste als Enteignung qualifizert wird, aufgegeben.[19] Zu der Entscheidung bemerkte Carl Schmitt, daß damit »der Begriff der Enteignung derart grenzenlos wird, daß jede Beschränkung des Eigentumsinhalts aufgrund eines allgemeinen Gesetzes, sobald sie das konkrete Eigentum erfaßt, als Enteignung erscheinen muß«.[20]

Die Auflösung des Enteignungsbegriffs soll nicht unter dem dogmatischen

---

11 Ebenda, S. 22. Wie der politische Affekt das erkenntnisleitende Interesse bestimmt, zeigen auch andere Stellen. Martin Wolff spricht vom notwendigen Schutz gegen einen »konfiskationslüsternen Gesetzgeber«. Ebenda, S. 21. Er konstatiert: »Vermögensvernichtungen aus Haß oder Neid, auch wenn ihnen angeblich ein ›gemeinnütziges Vorhaben‹ (etwa die wirtschaftliche Macht des bisherigen Hochadels zerstören? die Trümmer einer zusammengebrochenen Lebensordnung wegräumen?) zugrunde liegt, sind verfassungswidrig.« Ebenda, S. 15.

12 G. Anschütz, Die Verfassung des deutschen Reiches, Berlin 1929[11], S. 612.

13 M. Wolff, a. a. O. (Anm. 9), S. 21 f.

14 G. Anschütz, a. a. O. (Anm. 12), S. 613 mit Nachw.

15 RG 102, 164; RG 103, 201; RG 107, 269, 375, 381; RG 109, 318; RG 110, 347; RG 111, 120; RG 112, 71. Zu der analogen Entwicklung in der Rechtsprechung des BGH, vgl. etwa C. Peter, Zur Enteignungsrechtsprechung des BGH JZ 1969, S. 549 ff.

17 RG 109, 319.

18 M. Wolff, a. a. O. (Anm. 8), S. 22.

19 RG 116, 268.

20 C. Schmitt, Die Auflösung des Enteignungsbegriffs, in: Verfassungsrechtliche Aufsätze, Berlin 1958, S. 111.

Leitstern des Fehlens zureichender Abgrenzungskriterien betrachtet werden. Zu erörtern ist vielmehr die Funktion der Auflösung des Enteignungsbegriffs im Gefüge der staatlichen Machtverteilung. Die von der Judikative praktizierte Aufblähung des Enteignungsbegriffs veränderte das Beziehungsverhältnis von Privatrechtssystem und Verfassungsstruktur, deren klassische Synchronisation durch das vom Bürgertum beherrschte Parlament vermittelt wurde. Die gewaltentrennende Funktionszuweisung des bürgerlich-parlamentarischen Rechtsstaats wird beseitigt: indem die judikative Gewalt aus einem Organ, das an das prärogative Gesetzgebungsrecht des Parlaments, an das Gesetz gebunden ist, sich in eine Instanz verwandelt, die das gesetzgebende Parlament durch Qualifizierung von Gesetzen als Enteignungseingriffen kontrolliert, verschiebt sich das staatliche Machtzentrum zugunsten der Rechtsprechung. Die Legislative wird Objekt judikativer Aufsicht. Carl Schmitt hat die verfassungstheoretischen und verfassungspolitischen Folgen scharf resümiert: »(Die) Verfassungsbestimmung (des Art. 153 WRV) hat nicht den Sinn, mit Hilfe eines erweiterten Enteignungsbegriffs den Gesetzgeber der Kontrolle des Zivilrichters zu unterstellen und aus dem Schutz des Eigentums ein Hindernis der Gesetzgebung zu machen (...). Mit Hilfe des Art. 153 (könnte) eine Korrektur des heutigen Gesetzgebungsstaates vorgenommen werden. (Dies) würde aber den Gerichten eine ganz unabsehbare politische Aufgabe zuweisen und ihnen die Entscheidung sozialer, wirtschaftlicher und politischer Fragen zumuten, deren Lösung nach unserem Verfassungsrecht Sache des Gesetzgebers ist (...). Es wäre politisch und verfassungsrechtlich gleich kurzsichtig, die (...) politische Machterweiterung des Richters gegenüber dem Gesetzgeber als einen Triumpf des Rechtsstaates zu feiern. Sie ist in Wahrheit ein gefährliches Geschenk. Denn es ist ein unumstößliches verfassungsrechtliches Axiom, daß der Richter nur so lange unabhängig ist, als er an Gesetze gebunden ist (...). Ohne Gesetzesgebundenheit gibt es auf die Dauer keine richterliche Unabhängigkeit. Das eine ist das Korrelat des anderen.«[21]

Die Veränderung der Verfassungsstruktur, die aus der gegen die Legislative gerichteten Erweiterung des Enteignungsbegriffs abzulesen ist, läßt sich am Zuwachs des Justizapparats insgesamt demonstrieren.[22]

Im Unterschied zum Kaiserreich, als die Judikative das Parlamentsgesetz nicht weiter hinterfragte,[23] beansprucht die höchstrichterliche Rechtsprechung in Weimar ein allgemeines richterliches Prüfungsrecht gegenüber dem Parlament und den von ihm beschlossenen Gesetzen.[24] Vorgezeichnet

---

21 Ebenda, S. 117.

22 Vgl. K. Dessauer, Recht, Richtertum und Ministerialbürokratie, Mannheim, Berlin, Leipzig 1928, S. 11, S. 18 ff., S. 76.

23 G. Anschütz, a. a. O. (Anm. 12), S. 323 mit Nachw.

wurde diese Entwicklung von der rechtspolitischen Stellungnahme des Richtervereins beim Reichsgericht, in der es hieß, daß das RG ein Aufwertungsgesetz, das gegen Treu und Glauben verstoße, nicht zur Grundlage der Rechtsanwendung machen könne: »Dieser Gedanke von Treu und Glauben steht außerhalb des einzelnen Gesetzes, außerhalb einer einzelnen positivrechtlichen Bestimmung. Keine Rechtsordnung, die diesen Ehrennamen verdient, kann ohne jenen Grundsatz bestehen. Darum darf der Gesetzgeber nicht ein Ergebnis, das Treu und Glauben gebieterisch fordert, durch sein Machtwort vereiteln. (...) Ein schwerer Stoß nicht nur für das Ansehen der Regierung, sondern für das Rechtsgefühl im Volke und für den Glauben an das Recht wäre es, wenn es dazu kommen müßte, daß jemand, der sich auf die neue gesetzliche Vorschrift beriefe, damit von den Gerichten mit der Begründung abgewiesen würde, seine Berufung auf das Gesetz verstoße gegen Treu und Glauben.«[25] Nachdem vom Reichsfinanzhof[26] ein richterliches Prüfungsrecht anerkannt wurde, folgte der entscheidende Durchbruch mit dem Urteil des Reichsgerichts vom 25. November 1925, in dem es hieß: »Da die Reichsverfassung selbst keine Vorschrift enthält, nach der die Entscheidung über die Verfassungsmäßigkeit der Reichsgesetze den Gerichten entzogen und einer bestimmten anderen Stelle übertragen wäre, muß das Recht und die Pflicht des Richters, die Verfassungsmäßigkeit von Reichsgesetzen zu prüfen, anerkannt werden.«[27] Die logische Brüchigkeit dieses Arguments hat Carl Schmitt aufgewiesen: »Daraus allein, daß die Reichsverfassung dem Richter die Prüfung nicht ausdrücklich entzieht, folgt keineswegs, daß sie ihm zusteht.«[28] Freilich, die Funktion des richterlichen Prüfungsrechts ist damit noch nicht bezeichnet. Sie wird in einem Urteil des Staatsgerichtshofs sichtbar, in dem das Gothaische Fürstenenteignungsgesetz für unwirksam erklärt wurde, weil bei seiner gesetzesamtlichen Veröffentlichung unterlassen wurde, der vorrevolutionären Verfassung zu genügen und zu deklarieren, daß das Gesetz die Zustimmung der Landesvertretung gefunden habe,[29] worüber allerdings kein Zweifel bestand.[30] Das Heranziehen einer vorrevolutionären Verfassung mit dem Ziel, Eingriffe in die Privateigentumsordnung abzuwehren, enthüllt die Funktion des richterlichen Prüfungsrechts.

---

24 Vgl. hierzu insgesamt E. v. Hippel, Das richterliche Prüfungsrecht, in: G. Anschütz/R. Thoma (Hrsg.), Handbuch des deutschen Staatsrechts Bd. 2, Tübingen 1932, S. 546 ff.

25 JW 1924, S. 90. Zur Überhöhung dieser Position in der Lehre vgl. H. Isay, Rechtsnorm und Entscheidung, Berlin 1929, S. 212 ff., insb. S. 223.

26 Entschd. d. Reichsfinanzhofs 5, 333.

27 RG 111, 323.

28 C. Schmitt, Das Reichsgericht als Hüter der Verfassung, in: a. a. O. (Anm. 20), S. 85.

29 JW 1925, S. 2431.

30 E. Fraenkel, Zur Soziologie der Klassenjustiz, Darmstadt 1968², S. 25.

Indem es die Legislative ausmanövriert und den Enteignungsbegriff auflöst, sichert es den Status quo der Privatrechtsordnung.
Kirchheimer hat die Linie ausgezogen: »Die immanente Logik (des ...) erweiterten Enteignungsbegriffs führt zu ungeheuerlichen Konsequenzen. Eine Neuverteilung der Steuerlasten wird für jeden angeblich Geschädigten greifbar, sofern er nur einen mittelbaren Überführungsprozeß behaupten kann, der immer dann vorliegt, wenn die Steuergesetzgebung (...) einer bestimmten Bevölkerungsschicht, Produzenten- oder Konsumentengruppe, eine Steuerermäßigung zuteil werden läßt. Zollgesetzliche oder durch Monopolgesetz verfügte wirtschaftliche Schädigung bestimmter Wirtschaftsgruppen macht den Staat entschädigungspflichtig; er ist zum Ausgleich verpflichtet, falls sein ›öffentliches Unternehmen‹ durch solche Maßnahmen Profitquoten mindert oder Betriebsstillegungen herbeiführt. (... Die) Ausdehnung der Enteignung auf gesetzliche Akte unterwirft weite Strecken der Staatstätigkeit einer privatrechtlichen, unter privatwirtschaftlichen Gesichtspunkten arbeitenden Kontrolle.«[31]
Die Ursache für den Funktionszuwachs des Justizapparats, der sich zur originären Staatsgewalt gegenüber dem Parlament aufwirft, ist darin zu sehen, daß das Parlament nicht mehr nur vom Bürgertum beherrscht wird. Die Arbeiterparteien, die zumindest verbal die Privateigentumsordnung bekämpfen, können bei entsprechenden Mehrheitsverhältnissen ihre Ziele in Gesetzesform gießen. Daher wird das Parlament judiziell paralysiert, die Verfassungsstruktur direkt an das Privatrechtssystem angeschlossen. Die Justiz dient als Bollwerk gegen die Konsequenzen des im Parlamentarismus von Weimar angelegten politischen Gestaltungsprinzips der Demokratie, welches das Privateigentumsprivileg bedroht. Wie das Parlament des klassischen Liberalismus durch Zensuswahlrecht für bürgerliche Homogenität und Ausschluß der Unterklassen im Interesse der Bourgeoisie sorgte, so übernimmt der Justizapparat[32], der bruchlos aus dem quasi-absolutistischen Kaiserreich in die Verfassungsstruktur von Weimar eingegliedert wurde, jetzt gegen das Parlament Schutzfunktionen für die Privateigentumsordnung; sie wird gegen eine demokratische Imprägnierung abgedichtet.

---

31 O. Kirchheimer, a. a. O. (Anm. 1), S. 48 f.

32 Eine Soziologie des Justizapparats von Weimar, die Erklärungshypothesen für dessen Funktion zu liefern hätte, kann hier nicht entworfen werden. Zu untersuchen wären auf der einen Seite das Rekrutierungs- und Sozialisationsfeld der Richterschaft, auf der anderen Seite die objektive Stellung der Justiz im staatlichen Gewaltenteilungssystem. Zu diesem Komplex vgl. E. Fraenkel, a. a. O. (Anm. 29), K. Dessauer, a. a. O. (Anm. 22).

VI. Die Rolle des Arbeitsrechts in der Verfassungsstruktur

Die Ambivalenz der Verfassungsstruktur, einerseits die Kontinuität der Privatrechtsordnung zu sichern und andererseits den Unterklassen in der Verteilungssphäre einen Aktionsrahmen zu garantieren, von dem die Privateigentumsherrschaft sozial- und lohnpolitisch in gewisser Weise begrenzt werden kann, bestimmt die institutionellen Ausformungen des Arbeitsrechts. Diesem Sachverhalt sei exemplarisch auf der Ebene der Arbeitsverfassung und auf der Ebene des Koalitions- und Tarifvertragssystems nachgegangen. Wie die Weimarer Verfassung im wesentlichen bürgerlich-demokratische Tendenzen aus der Niedergangsphase des Kaiserreichs kodifiziert, so wird auch das Gefüge des Betriebsrätegesetzes (BRG) von vorrevolutionären sozialreformerischen Tendenzen beherrscht. »Was heute an ›Mitwirkungsrechten‹ der schon bestehenden ›niederen‹ und der noch geplanten ›höheren‹ Räte in der deutschen Republik tatsächlich in die Erscheinung tritt, stellt trotz des hochtönenden Namens in Wirklichkeit weiter nichts vor als die endliche Erfüllung eines Teils der sozialpolitischen Forderungen, mit denen schon im wilhelminischen Deutschland in der Zeit vor dem Weltkrieg und mit vermehrtem Nachdruck dann in der Kriegszeit wohlmeinende bürgerliche Reformpolitiker in Gemeinschaft mit den burgfriedlichen Sozialdemokraten die geltende Wirtschaftsverfassung im Sinne einer Erweiterung der Arbeiterrechte zu verbessern bestrebt gewesen sind.«[1] Das BRG vom 4. Februar 1920, konzipiert von der Weimarer Koalition aus Mehrheitssozialdemokratie, Zentrum und Deutscher Demokratischer Partei, knüpft an das kaiserliche Hilfsdienstgesetz vom 5. Dezember 1916 an, das für alle der Gewerbeordnung unterstehenden Hilfsdienstbetriebe mit mindestens 50 Arbeitern oder Angestellten Arbeiter- bzw. Angestelltenausschüsse für die sozialpolitische Interessenvertretung der Arbeitnehmer und zur Förderung des »gute(n) Einvernehmen(s) zwischen der Arbeiterschaft und dem Arbeitgeber« konstituierte.[2]

---

1 K. Korsch, Arbeitsrecht für Betriebsräte, Frankfurt 1968[2], S. 92.

2 § 12 I Hilfsdienstgesetz, RGBl 1916, 1333 (1336), vgl. W. Kaskel, Arbeitsrecht, Berlin 1925[2], S. 8; E. Fraenkel, Zehn Jahre Betriebsrätegesetz, in: T. Ramm (Hrsg.), Arbeits-

Die Einrichtung von Betriebsräten war in dem von Unternehmen und Gewerkschaften ausgehandelten Arbeitsgemeinschaftsabkommen vom 15. November 1918 beschlossen worden: »Für jeden Betrieb mit einer Arbeiterschaft von mindestens 50 Beschäftigten ist ein Arbeiterausschuß einzurichten, der diese zu vertreten und in Gemeinschaft mit dem Betriebsunternehmen darüber zu wachen hat, daß die Verhältnisse des Betriebes nach Maßgabe der Kollektivvereinbarung geregelt werden.«[3] Diese Regelung wurde in der Verordnung der Volksbeauftragten über Tarifverträge vom 23. Dezember 1918 (mit der Modifikation, daß in Betrieben mit mindestens 20 Beschäftigten Arbeiterräte gebildet werden) sanktioniert.[4] Eine Ausweitung der Rechte der Arbeitervertretungen über den Rahmen des Privatrechtssystems hinaus, wie sie von mehrheitssozialdemokratischen Führungsgremien unter dem Eindruck der revolutionären Unruhe unter der Arbeiterschaft in einem Beschluß vom 23. März 1919 gefordert wurde, der die Mitwirkung der Arbeiter an Sozialisierungsmaßnahmen, an der Kontrolle sozialistischer Betriebe und an der Überwachung der Gütererzeugung vorsah,[5] blieb Postulat. Das zeigte sich an Art. 165 WRV. Selbst diese Verfassungsbestimmung, die die Aufhebung der Privateigentumsherrschaft burgfriedlich von der Tagesordnung absetzte, wurde nur partiell verwirklicht. Der Art. 165 WRV verleiht den Arbeitern und Angestellten das Recht, »zur Wahrung ihrer sozialen und wirtschaftlichen Interessen« (Art. 165 II WRV) Betriebsräte zu bilden. Der Kernbereich des Privatrechtssystems – die private Verfügung über die gesellschaftliche Produktion – konnte von den parallel zu konstituierenden Wirtschaftsräten der Form nach, nämlich durch ein Mitwirkungsrecht bei der Ausführung der Sozialisierungsgesetze, zwar angegriffen werden. Aufgrund der faktischen Machtverhältnisse aber fristeten Bezirks- und Reichswirtschaftsrat eine Scheinexistenz.

Das BRG fungiert als Ausführungsgesetz zu Art. 165 II WRV. Es hält sich strikt an die Funktionsbestimmung, die der ADGB, wirtschaftsfriedlich auf proletarische Berufspolitik im gegebenen Privatrechtssystem ausgerichtet, den Betriebsräten geben wollte. In einem Entwurf für das BRG hatte der ADGB

---

recht und Politik, Neuwied 1966, S. 108. Vgl. insgesamt L. Unterseher, Arbeitsvertrag und innerbetriebliche Herrschaft, Frankfurt 1968, S. 36 ff. Rückblickend konnte der Rätefachmann des ADGB, Otto Albrecht, im Correspondenzblatt vom 27. Mai 1922 formulieren: »Ein Betriebsrätegesetz zu schaffen, war nicht allzu schwer. Denn die Vorläufer der Betriebsräte waren schon da: in der Form von Arbeiterausschüssen nach der Gewerbenovelle vom Jahre 1891. Es galt (. . .) nur, den gegebenen Kern des Gedankens fortzuentwickeln und diese Einrichtung mehr zu verallgemeinern.« Zit. nach K. Korsch, a. a. O. (Anm. 1), S. 92.

3 G. A. Ritter/S. Miller, Die deutsche Revolution 1918–1919 – Dokumente, Frankfurt 1968, S. 214 f.

4 RGBl 1918 I, S. 1456.

5 A. Rosenberg, Geschichte der Weimarer Republik, Frankfurt 1961, S. 76 f.

folgende Funktionsbestimmung für den Betriebsrat vorgeschlagen: »Der Betriebsrat hat die Pflicht, (...) das gute Einvernehmen der Arbeiterschaft untereinander und mit dem Arbeitgeber ebenso wie das gemeinschaftliche Interesse an einem vorteilhaften Fortgang des Betriebes zu berücksichtigen (...).«[6] So bewegt sich das BRG in dem von dem Arbeitsgemeinschaftsabkommen gezimmerten Rahmen der Klassenkooperation auf der Basis der Privateigentumsherrschaft.[7]

In den zentralen Bestimmugen des BRG werden die an das Privateigentum gebundenen schuld- und gewaltrechtlichen Konnexrechte, das Aneignungsrecht des von fremder Hand hergestellten Produkts und das die betriebliche Herrschaft sichernde Direktionsrecht,[8] nicht beschränkt. Vielmehr ist der Betriebsrat dazu bestimmt, diese Kernfunktionen des Privatrechtssystems zu erhalten.

§ 1 BRG verpflichtet die Betriebsräte dazu, den Arbeitgeber bei der »Erfüllung der Betriebszwecke« zu unterstützen. In dem herrschaftsneutral gefärbten Begriff »Erfüllung der Betriebszwecke« fallen zwei Momente ungeschieden zusammen; der Arbeitsprozeß als Prozeß des technischen Ablaufs der Produktion, metagesellschaftliche Bedingung jeder Produktionsweise, und der an eine bestimmte historisch gewordene Produktionsweise gebundene Prozeß der Kapitalverwertung[9], aus dem das »Recht auf die private Beherrschung und Nutzung der gesellschaftlichen Produktion«[10] hervorgeht. Somit heißt »Erfüllung der Betriebszwecke« eben auch und wesentlich Unterwerfung unter die privaten Herrschafts- und Aneignungsinteressen der Privateigentümer der Produktionsmittel. Dies ist der gleichsam apriorische Rahmen, innerhalb dessen der Betriebsrat gemäß § 1 BRG die »gemeinsamen wirtschaftlichen Interessen der Arbeitnehmer« wahrzunehmen hat.

In der näheren Umschreibung der Aufgabe des Betriebsrates konkretisiert sich das private Herrschafts- und Aneignungsinteresse der Privateigentümer. Nach § 66 BRG hat der Betriebsrat die Aufgabe, »die Betriebsleitung durch Rat zu unterstützten, um (...) für eine möglichst hohe Wirtschaftlichkeit der Betriebsleistungen zu sorgen« (§ 66 NR. 1 BRG), den »Betrieb vor Erschütterungen zu bewahren« (§ 66 Nr. 3 BRG) und »das Einvernehmen zwischen der Arbeitnehmerschaft und dem Arbeitgeber zu fördern« (§ 66 Nr. 6 BRG). Die Funktionsbestimmungen für den Betriebsrat halten sich an

6 Protokoll des Nürnberger ADGB-Kongresses 1969, S. 61 zit. nach A. Enderle u. a., Das rote Gewerkschaftsbuch, Frankfurt 1967², S. 182.
7 Vgl. hierzu ausführlicher Kapitel IV, S. 24 ff.
8 Vgl. H. Sinzheimer, Grundzüge des Arbeitsrechts, Jena 1927², S. 145 ff.
9 K. Marx, Das Kapital I, MEW Bd. 23, Berlin 1967, S. 192 ff.
10 K. Korsch, Was ist Sozialisierung?, in: Schriften zur Sozialisierung, Frankfurt 1969, S. 18.

die Logik des Kapitals. Die lebendige Arbeit wird der toten Arbeit, dem »Geld heckende(n) Geld«[11], das sich in der Sprache des BRG mit dem Begriff »Wirtschaftlichkeit der Betriebsleistungen« belegt, als »lebendige(r) Gärungsstoff (...) einverleibt«.[12] Von der Rechtsprechung sind die Aufgabenstellungen aus § 66 BRG schließlich auch konsequent ins System der Privateigentumsherrschaft eingefügt worden.[13]

Von dieser realsoziologischen Interpretation der Aufgaben des Betriebsrates hebt sich die Auffassung des sozialdemokratischen Arbeitsrechtlers Hugo Sinzheimer scheinbar progressiv ab. Sinzheimer vertritt die Ansicht, daß die nach § 66 Nr. 3 BRG geforderte Wahrnehmung des Betriebsinteresses durch die Betriebsvertretung »nicht ohne weiteres identisch mit dem Erwerbsinteresse des Arbeitgebers« sei; das Betriebsinteresse dürfe nicht auf die Zweckbestimmung reduziert werden, für den Betrieb einen möglichst hohen Gewinn abzuwerfen, sondern es müsse sich auch darauf beziehen, »die menschliche Arbeitskraft im Betrieb vor Raubbau zu bewahren und eine angemessene Entlohnung zu sichern«; damit nehme die Betriebsvertretung »das Gemeininteresse wahr, dessen Wahrung ihr anvertraut ist (§ 68 BRG)«.[14] Diese These geht von zwei Voraussetzungen aus. Einmal davon, daß Arbeit und Kapital sich als paritätische Größe gegenüberstehen, die auf einer mittleren Linie einen Ausgleich des Erwerbsinteresses des Arbeitgebers und des Schutz- und Lohninteresses des Arbeiters herbeiführen könnte; zum anderen davon, daß der in § 68 BRG verwandte Begriff des »Gemeininteresses«, für dessen Wahrung der Betriebsrat zu sorgen hat, Realisierungssubstanz besitzt.

Die genannten Voraussetzungen blenden die mit dem Privateigentum gesetzte private Herrschafts- und Nutzungsstruktur, welche für den kapitalistischen Produktionsprozeß konstitutiv ist, aus: das Kapital, »Erwerbsinteresse des Arbeitgebers«, fungiert als umgreifendes Verhältnis, das durch die Lohnarbeit nicht paritätisch konterkariert werden kann. Durch die vorgängige Prädominanz des Kapitals ist auch das Insistieren auf der Realisierung des »Gemeinwohls« zu einem ohnmächtigen Postulat verdammt. In einer klassengespaltenen Gesellschaft, die sich durch die Eigentumslosigkeit der Arbeiter definiert, existiert kein klassenjenseitiger Begriff des Gemeinwohls.

Unterliegt Sinzheimer einem sozialreformerischen, die betrieblichen Herrschaftsverhältnisse überfliegenden Idealismus, so versucht Karl Korsch den Betriebsräten eine revolutionäre Aufgabe zu stellen: Sie dürften sich nicht

---

11 K. Marx, a. a. O. (Anm. 9), S. 209.
12 Ebenda, S. 200.
13 Vgl. hierzu im einzelnen unten S. 51 ff.
14 H. Sinzheimer, a. a. O. (Anm. 8), S. 231.

»als arbeitsgemeinschaftliche ›Unterstützer‹ des Unternehmens in der Erfüllung der kapitalistischen ›Betriebszwecke‹ betrachten«, sie hätten sich vielmehr »schon heute als der am weitesten vorgeschobene Posten der proletarischen Armee«[15] zu begreifen. Diese Aufgabenstellung contra legem muß an der innerbetrieblichen Herrschaftsrealität, die den Arbeitervertretungen nur defensive Schutzfunktionen für die Arbeiterschaft offenläßt, zerschellen. Die gesellschaftliche Machtfrage läßt sich nicht im kapitalistischen Alltag stellen. In einem anderen Zusammenhang hat Korsch dies auch klar erkannt: Die »Mitwirkungsrechte finden (...) in der kapitalistischen Klassengesellschaft und in dem Staat der bürgerlichen Klasse ihre unüberschreitbare Grenze; sie dürfen niemals weiter entwickelt werden, als es die Profitinteressen der kapitalistischen Klasse erlauben«.[16]

Ernst Fraenkel und Otto Kahn-Freund geben gegenüber den betriebsrätegesetzlichen Funktionsbestimmungen durch Sinzheimer und Korsch eine andere Einschätzung. Die Unterwerfung des Betriebsrats unter den Betriebszweck sei mit der stillen Voraussetzung verbunden gewesen, daß die Verfassung des Privateigentums in ein gemeinwirtschaftliches System verwandelt werde.[17] Die »wirtschaftspolitische Funktion der Betriebsvertretung hat einen Sinn nur als Bestandteil eines Übergangs von der kapitalistischen zur sozialistischen Gesellschaft, einer Form, bei der zwar noch das Eigeninteresse des Unternehmers erhalten bleibt, jedoch auf verschiedenen Wegen im volkswirtschaftlichen Interesse eine weitgehende Kontrolle des Unternehmers auf die Wahrung seines volkswirtschaftlichen Betriebszweckes stattfindet.«[18]

Fraenkel und Kahn-Freund fallen mit dieser These einer retrospektiven Unterstellung anheim. Denn das BRG fügt sich unschwer in die mehrheitssozialdemokratische und gewerkschaftliche Politik ein, wie sie beispielsweise in den wirtschaftsfriedlichen Formulierungshilfen des ADGB zum Ausdruck kam; als Bezugssystem dieser Politik fungierte die Arbeitsgemeinschaft mit der Unternehmerseite. Die Realisierung der Gemeinwirtschaft stand 1920, zur Zeit der Verabschiedung des BRG, nachdem sich ohnehin die revolutionäre Situation verflüchtigt hatte, nicht auf der Tagesordnung. So wird man nicht wie Kahn-Freund davon sprechen können, daß erst das Ausbleiben der Sozialisierung die wirtschaftspolitische Funktion der Betriebsräte in ihr Gegenteil umwandelte.[19] Vielmehr erscheint die Funktionszuweisung

15 K. Korsch, a. a. O. (Anm. 1), S. 139.
16 Ebenda, S. 57.
17 E. Fraenkel, a. a. O. (Anm. 2), S. 99.
18 O. Kahn-Freund, Der Funktionswandel des Arbeitsrechts, in: T. Ramm, a. a. O. (Anm. 2), S. 240.
19 Ebenda.

für die Betriebsräte auch nach der ratio legatoris von der Erhaltung der Privatrechtsordnung her bestimmt.
Obwohl die allgemeinen Aufgabenbestimmungen des BRG den Betriebsrat ins System der Privateigentumsherrschaft einspannen, haben die enumerativ festgelegten Einzelrechte des Betriebsrats gleichwohl defensive Schutzfunktionen für die eigentumslose arbeitende Klasse. Die Gesamtheit dieser Rechte ist mit dem Begriff der konstitutionellen Fabrik belegt worden. Der Privateigentümer bleibt fortexistierender legibus solutus des Produktionsprozesses, ist aber an gewisse Mitwirkungsrechte der Arbeitervertretung auf sozialpolitischem Gebiet gebunden. Diese Rechtspositionen haben öffentlich-rechtlichen Charakter.[20] Das heißt, daß die immanente Dynamik des Privatrechtssystems nur von außen, öffentlich-rechtlich, beschränkt werden konnte – ähnlich wie das englische 10-Stunden-bill dem Manchesterkapitalismus gleichsam exterritorial vom Staat auferlegt wurde, so daß Marx von dem »Sieg« der »politischen Ökonomie der Arbeiterklasse« über die »politische Ökonomie der Mittelklasse«[21] sprechen konnte.
Die konstitutionellen Rechte des Betriebsrats beziehen sich wesentlich auf zwei Bereiche. Einerseits auf die normative Regelung des Arbeitsverhältnisses: Überwachung von tarifvertraglichen Abmachungen (§ 78 Nr. 1 BRG), Abschluß von Betriebsvereinbarungen (§ 78 Nr. 2 BRG), Mitwirkung bei Einstellung, Entlassung und Kündigung von Arbeitnehmern (§§ 74; 78 Nr. 8, Nr. 9; 84, 96 BRG); andererseits auf die Milderung der Folgen von Friktionen im Arbeitsprozeß: durch Vereinbarung der Arbeitsordnung mit dem Arbeitgeber (§ 79 Nr. 3 BRG), durch die Institutionalisierung des Beschwerderechts (§§ 68 Nr. 7; 78 Nr. 4 BRG), durch Unfall- und Gesundheitsschutz (§§ 68 Nr. 7; 78 Nr. 6, 7 BRG) und durch die Mitwirkung an der Verwaltung an Betriebswohlfahrtseinrichtungen (§ 68 Nr. 9 BRG). Gegenüber diesen sozialpolitisch substantiellen Kontrollrechten sind die Mitwirkungsrechte auf der Ebene der Unternehmensleitung, in der das Herrschaftszentrum des Privateigentums sich kristallisiert, durch Stillschweigegebot bei vertraulichen Angaben über die Lage des Betriebs und über die Betriebsbilanz (§§ 71 II; 72 BRG) von vornherein paralysiert: die Rückkoppelung der Betriebsinteressenvertretung zur Arbeiterschaft ist abgeschnitten, der Betriebsrat zwangsläufig zum verselbständigten Teilhaber an betriebsökonomischen arca imperii disfunktionalisiert.
Wie die gesetzliche Normierung der Arbeitsverfassung sich innerhalb der verfassungsgesetzlich sanktionierten Privatrechtsordnung hält, so ist auch

20 Wagemann, Die Arbeitsgesetze in einem Band mit Erläuterungen aus der höchstrichterlichen Rechtsprechung des RAG und des LAG, Berlin 1933, S. 568.
21 K. Marx, Inauguraladresse der Internationalen Arbeiterassoziation, MEW Bd. 16, Berlin 1971, S. 11.

die Rechtsprechung zum Betriebsrätegesetz an diesen Rahmen gebunden. Die Rechtsprechung verstärkt aber noch die Einpassung der Arbeitsverfassung in das Privatrechtssystem: die relative Autonomie der Verteilungssphäre, die den Unterklassen gewisse Interessen zu formulieren erlaubt, wird mehr und mehr eingeschränkt. Kahn-Freund hat die Strukturen der höchstrichterlichen Rechtsprechung analysiert. Die Rechtsprechung konnte an den arbeitsgemeinschaftlichen Grundcharakter der BRG anknüpfen, das sie zu einem Netz »disziplinäre(r) Harmonie«[22] ausspannte. Das Konstruktionsprinzip der Rechtsprechung bildet sich aus einem den Interessengegensatz von Kapital und Arbeit ausklinkenden Betriebsgemeinschaftsbegriff. Der Betrieb fungiert als scheinbar gegenüber Arbeitgeber- und Arbeitnehmerinteressen verselbständigtes Drittes. Der hypostasierte Betriebsbegriff ermöglicht, die Rechte der Arbeiter einzuschränken.

Die Weigerung eines Betriebsratsmitglieds, Mehrarbeit über den gesetzlichen Achtstundentag hinaus zu leisten, wurde vom RAG als Grund für eine fristlose Kündigung bezeichnet; denn nach § 1 BRG sei der Betriebsrat verpflichtet, »die Belange des ganzen Betriebs wahrzunehmen, nicht denen der Arbeitnehmer den Vorzug zu geben.«[23] Als gröbliche Verletzung der nach § 66 Nr. 3 BRG bestehenden gesetzlichen Pflicht, »den Betrieb vor Erschütterungen zu bewahren«, ist es gewertet worden, daß ein Betriebsratsmitglied in der Nähe des Eingangs des Werkes, in dem er beschäftigt war, durch Verteilung von Flugblättern die Arbeiter zum Eintritt in einen politischen Streik aufforderte; das Vergehen des Betriebsrates wirkte als Grund für eine fristlose Kündigung.[24] Unter Berufung auf § 66 Nr. 6 BRG, demzufolge die Betriebsvertretung das Einvernehmen zwischen Arbeitgeber und Arbeitnehmer zu fördern haben, legt das RAG dem Betriebsrat die Pflicht auf, seine eigene politische und gewerkschaftliche Betätigung im Betrieb zu beschränken[25] und z. B. dafür einzutreten, daß nicht eigenmächtig von einer größeren Zahl von Arbeitern »gegen den Willen des Arbeitgebers die Arbeit am 1. Mai ausgesetzt werde«.[26] Die nach § 72 BRG vorgeschriebene Auskunftspflicht des Arbeitgebers gegenüber dem Betriebsrat findet nach dem RAG seine »natürliche Grenze« »in den schutzwürdigen Interessen *des* Betriebes«.[27]

Aus der gleichen betriebsgemeinschaftlichen ratio judiziert das RAG auf der Ebene des Individualarbeitsrechts. Das bekannteste Beispiel ist die Recht-

22 O. Kahn-Freund, Das soziale Ideal des Reichsarbeitsgerichts, in: T. Ramm (Hrsg.), a. a. O. (Anm. 2), S. 192.
23 RAG Bensh. Sammlg. Bd. 6, Nr. 82, S. 339.
24 RAG 4, 351.
25 RAG Bensh. Sammlg., Bd. 6, Nr. 77, S. 321.
26 RAG Bensh. Sammlg., Bd. 9, Nr. 10, S. 45.
27 RAG Bensh. Sammlg., Bd. 8, Nr. 106, S. 523, Hervorhebung von mir.

sprechung zum Betriebsrisiko. In der Entscheidung vom 6. Februar 1923[28], der eine ganze Kette von gleichgerichteten Urteilen folgte[29], kam der RG zu dem Ergebnis, daß im Fall eines Teilstreiks, aufgrund dessen Arbeiter eines anderen, aber zum gleichen Gesamtunternehmen gehördenden Betriebs nicht zu arbeiten in der Lage sind, einen Lohnanspruch nach § 615 BGB (Annahmeverzug des Arbeitgebers) nicht geltend machen können. Zur Begründung der Überwälzung des Betriebsrisikos, also des Umstandes, der weder vom Arbeitgeber noch vom Arbeitnehmer zu vertreten ist, auf die Arbeiter beruft sich das RG auf den mit dem BRG verbundenen Gedanken der »sozialen Arbeits- und Betriebsgemeinschaft«, die den Arbeiter zum gleichsam haftpflichtigen Glied eines Gesamtorganismus werden läßt. Das naheliegende Gegenargument, das die Risikoübernahme für das Ausbleiben der Betriebserträge eine Verfügungsbefugnis über diese Erträge implizieren müsse[30], hat das RAG mit leichter Hand abgewehrt: Der Umstand des vermögensrechtlichen Verfügungsausschusses des Arbeiters könne sich nur dahin auswirken, daß der Gefahrenkreis für ihn ein beschränkter sei.[31] Der Begriff der Betriebsgemeinschaft dient der Rechtssprechung als ideologisches Instrument, das die Arbeiter an die zu Gemeinschaftsinteressen umgefälschten Partikularinteressen der Arbeitgeber kettet. Kahn-Freund zieht seine Analyse zu dem Schluß zusammen, das RAG lasse sich von einem faschistischen Sozialideal leiten: »Der Faschismus verwirklicht seiner Idee nach bewußt ein bestimmtes Sozialideal. Dies gipfelt in dem Gedanken der Erhaltung der kapitalistischen Wirtschaft und des friedlichen Zusammenwirkens von Arbeitgeber und Arbeitnehmern im Interesse der nationalen Produktion (...). Im Interesse der Produktion hat sich der Arbeitnehmer dem Arbeitgeber disziplinarisch unterzuordnen und genießt dafür als Individuum einen weitgehenden Schutz fürsorgerischer Art. Erkennt man diesen Grundgedanken als den Kern des sozialen Systems des Faschismus an (...), so muß man sagen, daß das Reichsarbeitsgericht mit seinem Sozialideal in allen Punkten die faschistische Idee verwirklicht.«[32]

Auf der Ebene des Koalitions- und Tarifvertragsrechts ist der Handlungsrahmen der Unterklassen durch die Sanktionierung der überkommenen

---

28 RG 106, 272.

29 Nachweise bei O. Kahn-Freund, a. a. O. (Anm. 22), S. 177, Anm. 40.

30 Das hieße konsequent Ablösung der Privatrechtsordnung durch ein Selbstverwaltungsgemeinwesen der Arbeit. Vgl. auch H. Sinzheimer, a. a. O. (Anm. 9), S. 167 ff. »Ist dem Arbeitgeber nicht zuzumuten, den Lohn im Fall des Betriebsrisikos weiterzuzahlen, so ist dem Arbeitnehmer, der von seinem Lohne lebt, noch weniger zuzumuten, den Verlust des Lohnanspruchs zu tragen. Die Tragung des Betriebsrisikos durch den Arbeitgeber ist begründet im sozialen System des Kapitalismus, der dem Arbeitgeber das Risiko zuweist, weil es ihm den Unternehmergewinn gewährleistet.« Ebenda, S. 192 f.

31 RAG Bensh. Sammlg., Bd. 3, Nr. 35, S. 121.

32 O. Kahn-Freund, a. a. O. (Anm. 22). Ebenda, S. 205.

Privatrechtsordnung und der Fortexistenz des kaiserlichen Justizapparats, ebenfalls begrenzt. Koalitions- und Tarifvertragsrecht sichern dennoch der ökonomischen Organisation der Unterklassen lohnpolitische Defensivpositionen.

Die in Art. 159 WRV garantierte Vereinigungsfreiheit zur Wahrung und Förderung der Arbeitsbedingungen wurde durch das Arbeitsgemeinschaftsabkommen vom 15. November 1918 präformiert, das die Gewerkschaften als berufene Vertreter der Arbeiterschaft anerkannte und eine Beschränkung ihrer Koalitionsfreiheit für unzulässig erklärte.[33] Allerdings fällt die verfassungsgesetzliche Formulierung noch hinter das Arbeitsgemeinschaftsabkommen zurück; denn der Begriff der Koalitionsfreiheit, der das Streikrecht impliziert, wird ausdrücklich durch den Begriff der Vereinigungsfreiheit ersetzt, um deutlich zu machen, daß, jedenfalls verfassungsrechtlich, das Streikrecht nicht garantiert ist.[34] Diese Leerstelle in der Verfassung begünstigte die Entstehung einer wirtschaftsfriedlichen, streikfeindlichen Rechtsprechung, die ihre paternalistischen Ordnungsvorstellungen – aus dem wilhelmischen Reich bruchlos in die Weimarer Republik transferiert – durchsetzen konnte, ohne an die Schranke einer positiv-verfassungsgesetzlichen Streikrechtsgarantie zu stoßen. Entsprechend ging das RAG davon aus, daß Kampfwillen und Kampffähigkeit nicht begrifflich notwendige Merkmale einer Gewerkschaft seien.[35] Die tarifvertragliche Friedenspflicht wurde auf außertarifvertragliche Bereiche mit der Begründung ausgedehnt, die Gewerkschaften hätten aus Treu und Glauben »eine grundlose Störung des Wirtschaftsfriedens zu unterlassen.«[36] Aus Art. 159 i. V. m. Art. 124 WRV legitimierte das RAG die tendenzielle Umwandlung der Tarifvertragsparteien, die ihre gegensätzlichen Interessen artikulieren, in öffentlichrechtlich in Pflicht genommene Organe.[37] Kahn-Freund benennt die Konsequenzen dieses von der Rechtsprechung in Gang gesetzten Prozesses, der die gewerkschaftliche Vereinigungsfreiheit an der Wurzel trifft: »Die Gewerkschaft (wird...) aus einem Organ der Arbeiterschaft zur Verbesserung der Arbeitsbedingungen mittels Arbeitskampfes oder kollektiven Arbeitsvertrages ein Werkzeug des Staates zur Erhaltung des Wirtschaftsfriedens und zur Verhinderung des Wirtschaftskampfes.«[38]

Als zentrales Konnexinstitut zur gewerkschaftlichen Vereinigungsfreiheit er-

---

33 Vereinbarung zwischen den Arbeitgeberverbänden und den Gewerkschaften vom 15. November 1918, Ziff. 1 und 2, in: G. Ritter/S. Miller, a. a. O. (Anm. 3), S. 214.

34 G. Anschütz, Die Verfassung des deutschen Reiches, Berlin 1929[11], S. 631. Vgl. auch H. Sinzheimer, a. a. O. (Anm. 8), S. 85.

35 RAG Bensh. Sammlg., Bd. 4 Nr. 63, S. 243; Bd. 4 Nr. 78, S. 298; Bd. 5 Nr. 57, S. 217.

36 RAG Bensh. Sammlg., Bd. 9 Nr. 58, S. 254.

37 RAG Bensh. Sammlg., Bd. 5 Nr. 134, S. 542.

38 O. Kahn-Freund, a. a. O. (Anm. 22), S. 166; vgl. auch ebenda, S. 167 ff.

scheint die durch die Tarifvertragsordnung vom 23. Dezember 1918 garantierte Tarifvertragsfreiheit, wenn sie auch verfassungsrechtssystematisch unter Art. 152 WRV, der die Vertragsfreiheit gewährleistet, subsumiert wird.[39] Die Tarifvertragsfreiheit bewegt sich im Rahmen der verfassungsgesetzlich abgesicherten Privatrechtsordnung. »Der Tarifvertrag darf keinen verfassungswidrigen Eingriff in das Privateigentum und auch nicht eine verfassungswidrige Enteignung nach Art. 153 RV darstellen.«[40] Gleichwohl setzt die Tarifvertragsfreiheit der klassischen Privatrechtsordnung Grenzen. Wie das BRG auf der Ebene des Betriebes der Privateigentumsherrschaft gewisse »konstitutionelle« Beschränkungen auferlegt, so dient das Tarifvertragssystem dazu, die Vereinzelung der Arbeiter beim Verkauf ihrer Arbeitskraft, die im Manchesterliberalismus durchs Medium des freien, »ökonomische Hörigkeit« (Marx) erzeugenden Einzelarbeitsvertrags vermittelt wurde, zu überwinden und das kollektive Aushandeln des Preises der Ware Arbeitskraft zu ermöglichen. Das Zentrum des Tarifvertragssystems bilden die in § 1 Tarifvertragsordnung (TV) festgesetzte Unabdingbarkeit der tarifvertraglich vereinbarten Normen und die in § 2 TV eröffnete Möglichkeit der Allgemeinverbindlichkeitserklärung. Durch die unabdingbare Bindungswirkung des Tarifvertrages wurde es der Arbeitgeberseite unmöglich gemacht, das Angebotsmonopol der Gewerkschaften durch Einzelarbeitsverträge, die die Arbeiterschaft partikularisieren, zu unterlaufen. Durch die Allgemeinverbindlichkeitserklärung, die gleiche Lohnbedingungen für alle Arbeiter schafft, sollte insbesondere verhindert werden, daß ein Teil der nichtorganisierten Arbeiter den organisierten durch Unterbietung der Tariflöhne Konkurrenz macht.[41]

Die mit der Tarifvertragsordnung konstituierte Tarifautonomie unterliegt – parallel zur judiziellen Umwandlung der Gewerkschaften zu Ordnungsgaranten des Wirtschaftsfriedens –[41a] einem Auszehrungsprozeß: staatliche Schlichtungen absorbieren den Interessenkampf von Arbeitgebern und Gewerkschaften. Entscheidender Einschnitt ist die Schlichtungsverordnung (SchlVO) vom 30. Oktober 1923. Nach § 6 Nr. 11 SchlVO kann ein Schiedsspruch, selbst wenn er nicht von beiden Parteien angenommen wird, für verbindlich erklärt werden. Da die Verbindlichkeitserklärung gemäß § 6 Nr. 3 SchlVO die Annahme des Schiedsspruches ersetzt und damit die Fiktion

39 Vgl. F. Neumann, Tarifrecht, Berlin 1931, S. 20.
40 Ebenda, S. 21.
41 Ebenda, S. 113.
41a Für die entsprechende Tendenz in der Bundesrepublik vgl. X. Rajewsky, Arbeitskampfrecht in der Bundesrepublik, Frankfurt 1970, T. Ramm, Das Recht des Arbeitskampfes nach der Rechtsprechung des Bundesarbeitsgerichts, JZ 1961, S. 273 ff., ders., Der Streik als unerlaubte Handlung. AuR 1964, S. 321 ff., ders., Die Rechtsprechung des BAG, JZ 1966, S. 214 ff.

des Abschlusses eines Tarifvertrages unterstellt wird, können die Tarifvertragsparteien durch staatlichen Zwang zivilrechtlichen Folgewirkungen, insbesondere Schadensersatzverpflichtungen bei Nichteinhaltung des Schiedsspruchs, unterworfen werden.[42] Die Ablösung des tarifvertraglichen Interessenkampfes durch staatliche Festsetzung des Preises für die Ware Arbeitskraft wird durch eine Statistik des ADGB für das Jahr 1929 dokumentiert: Für etwa 60 % der Arbeiter wurden die Lohntarife durch Schiedsspruch festgesetzt.[43] In der Endphase der Weimarer Republik kulminierten – unter der Wirkung der Wirtschaftskrise – die Tendenzen zur Schaffung eines »staatlichen Lohnamtssystems«.[44] Nachdem in der 1. NotVO vom 1. Dezember 1930 und in der 2. NotVO vom 5. Juni 1931 für die Angestellten des öffentlichen Dienstes Gehaltskürzungen festgesetzt worden waren, dekretierte die 4. NotVO vom 8. Dezember 1931 die grundsätzliche Senkung der Tariflöhne auf den Stand des entsprechenden Tarifvertrages vom 10. Januar 1927.[45]

Als Resümee ist festzuhalten, daß das unter der Fahne der Sozialpolitik angetretene Arbeitsrecht – nach Fraenkel »Bindeglied zwischen Republik und Arbeiterschaft«[46] – eine lineare Fortentwicklung zur sozialen Demokratie nicht ermöglichte, weil es sich vorweg im Rahmen der gesellschaftlichen Machtverhältnisse bewegte, die von dem Privatrechtssystem und dem gegenrevolutionären Justizapparat juristisch fixiert wurden. In der Eingliederung der Interessenvertretung der Arbeiter in eine fiktive Betriebsgemeinschaft, der tendenziellen Aufsaugung der gewerkschaftlichen Vereinigungsfreiheit durch einen judiziell verbindlichgemachten Wirtschaftsfrieden und der Ersetzung der Tarifautonomie durch ein staatliches Lohnamtssystem dokumentierte sich die Schwerkraft des Privatrechtssystems. Es setzt sich unmittelbar in die Verfassungsstruktur um und kassiert die relative Autonomie der Verteilungssphäre, die sich über die verfassungsgesetzlich garantierte Vereinigungsfreiheit und der aus ihr folgenden Konnexrechte ausgebildet hatte. Das Privatrecht absorbiert – wie im Bereich des Privateigentumsschutzes durch die judizielle Ausschaltung des Parlaments – die Verfassungsstruktur.

---

42 O. Kahn-Freund, a. a. O. (Anm. 18), S. 227.
43 Ebenda, S. 226.
44 Ebenda, S. 235.
45 Ebenda, S. 236 f.
46 E. Fraenkel, a. a. O. (Anm. 2), S. 254.

VII. Die Rolle der Monopolisierung in der Verfassungsstruktur

Die privateigentumsadäquate Funktionalisierung der Verfassungsstruktur, die im Enteignungsrecht und im Arbeitsrecht analysiert wurde, ist auch auf der Ebene der marktbezogenen Konnexinstitute des privaten Produktionsmitteleigentums zu verfolgen.

Die im Kaiserreich einsetzende Auflösung des Wettbewerbssystems, die sich besonders in der »Monopolisierung der Produkte, der Patentmonopolgewalt und der Vorherrschaft des Finanzkapitals«[1] äußerte, verstärkt sich in Weimar. »Von 20 Milliarden Aktienkapital entfielen bei über 12 000 Aktiengesellschaften allein auf 2000 Gesellschaften 13,25 Millionen Mark; zu 93 % war der Bergbau, zu 96 % die chemische, zu 95 % die Stahl- und zu 87 % die Elektroindustrie in Konzernen, Kartellen oder in Trusts organisiert.«[2] 1925 wurde mit der IG-Farbenindustrie AG einer der größten Trusts der Welt gegründet; 80 % der deutschen und 40 % der Stickstoffproduktion überhaupt waren bei den IG-Farben konzentriert; zu fast 100 % war die deutsche Produktion von synthetischem Benzin, Sprengstoffen und Farbstoffen bei den IG-Farben monopolisiert.[3]

Der Aufstieg riesiger Unternehmenskomplexe, Konzerne und Trusts, marktregulierender Organisationen, Kartelle und Syndikate unterhöhlte die implizite Prämisse der klassischen Privatrechtsordnung: die Gleichheit der Wettbewerber, die die Entstehung privater Marktmacht ausschließen sollte. Auf Grund ihrer überlegenen Machtstellung wächst den Unternehmenskomplexen und marktregulierenden Organisationen private Rechtsetzungsmacht zu.[4] Damit ändert sich die Konstellation von Privatrechtssystem und Verfassungsstruktur.

Dies sei exemplarisch an zwei Bereichen, die auch in sich aufeinander bezogen sind, deutlich gemacht: der Festlegung Allgemeiner Geschäftsbedingun-

1 H. Kronstein, The Dynamics of German Cartels and Patents, in: Ausgewählte Schriften, Karlsruhe 1962, S. 175.

2 H. Böhme, Prolegomena zu einer Sozial- und Wirtschaftsgeschichte Deutschlands im 20. Jahrhundert, Frankfurt 1968, S. 118.

3 Imperialismus heute, Berlin 1968, S. 50 f.

4 Vgl. H. Kronstein, Zum Problem: Staat und Wirtschaftsmacht, in: a. a. O. (Anm. 1), S. 16 ff.

gen (AGB) und der Ausschaltung des Marktmechanismus durch Preis-, Konditionen- und Mengenkartelle. In einem zweiten Schritt wird die Position des Justizapparats zu den Erscheinungsformen privater Rechtsetzungsmacht untersucht.

In den AGB ist die im dispositiven Privatrecht verankerte gleichgewichtigte Risikoverteilung, die sich am Modell freier und gleicher Konkurrenz orientierte, zugunsten des ökonomisch Mächtigen, dem sich die unterlegene Seite beugen muß, verändert. Neben der Ersetzung von risikoausgleichenden gesetzlichen Regelungen bei Vertragsverletzungen (Verzugsfolgen, Mängelhaftung etc.), der abweichenden Festsetzung des Erfüllungsorts und des Gerichtsstandes spielt der Ausschluß der staatlichen Gerichtsbarkeit zugunsten privater Schiedsgerichte eine dominante Rolle.[5] In diesem Bestandteil der AGB kristallisiert sich besonders plastisch die private Rechtsetzungsmacht der ökonomisch Mächtigen. »Die Durchsetzung der Schiedsklausel, zumal die Unterwerfung des Kunden unter das Verbandsgericht des Unternehmers, ist vielfach eine ausgesprochene Macht- und Prestigefrage, bei der für den Kunden eine bedeutsame Erschwerung der Rechtsverfolgung und Verminderung seiner Rechtsschutzgarantien auf dem Spiel steht. Davon abgesehen verleiht die Schiedsklausel auch den materiellrechtlichen Bestimmungen der AGB ein anderes Gewicht, da damit die Kontrolle durch den staatlichen Richter am Maßstab des Gesetzesrechts wegfällt. In ihren praktischen Folgen ist diese Klausel darum oft der wichtigste Bestandteil der AGB.«[6] Die AGB sind in der Industrie, im Handel, im Transportgewerbe, im Bank- und Versicherungswesen das vorherrschende Instrument zur Durchsetzung privater ökonomischer Macht.[7]

Auch für die Kartellierung des Marktes erweisen sind die AGB als geeignete Mittel; gegenüber den Kunden kartellierter Unternehmen erscheint die Kartellabrede in der Form von AGB.[8] Die Kartellierung folgt dem gleichen Prinzip wie die AGB: der Fixierung eines auf private Marktmacht gegründeten Unterwerfungsverhältnisses, dessen Objekt jetzt jener Kunde wird, dem in der Periode des Konkurrenzkapitalismus eine autonome Schiedsrichterrolle gegenüber den insbesondere durch Preisdifferenzen unterschiedenen Angeboten zufiel. Die Objektstellung des Kunden erweist sich darin, daß »bessere Preis- und Verkaufsbedingungen für den Verkäufer, die der Zweck der Kartellierung sind, (...) schlechtere Preise und Einkaufsbedingungen für die Käufer (bedeuten).«[9] Noch eklatanter wird die Ob-

5 L. Raiser, Das Recht der Allgemeinen Geschäftsbedingungen, Bad Homburg 1961², S. 41. Vgl. auch F. Böhm, Wettbewerb und Monopolkampf, Berlin 1933, S. 48.

6 L. Raiser, ebenda, S. 41 f. 7 Ebenda, S. 30 ff. 8 Ebenda, S. 27.

9 A. Wolfers, Das Kartellproblem im Lichte der deutschen Kartelliteratur, in: E. Lederer (Hrsg.), Schriften des Vereins für Sozialpolitik, Bd. 150, Berlin/Leipzig 1931, S. 92.

jektstellung des Kunden in der Möglichkeit des kartellmäßig organisierten wirtschaftlichen Machtzentrums »als schlechterer Anbieter den Partner von der Annahme besserer Angebote abzuhalten und ihn für deren Annahme zu bestrafen; (die ...) Ausnützung dieser Möglichkeit ist das Wesen des wirtschaftlichen Zwangs.«[10]

Der Kartellierungsprozeß dient, wie Kronstein konstatiert, dazu, »den Profithunger privater Wirtschaftsorganisationen zu befriedigen und gleichzeitig privaten Interessen den Einfluß auf die politische und ökonomische Organisation der Nation zu sichern«.[11] Durchkartellisiert ist die Schwerindustrie. Nach der Inflation des Jahres 1923 kontrollieren die Kohle-, Eisen- und Stahlindustrie den Verkauf der Produkte vom Hersteller bis zum Endverbraucher praktisch vollständig.[12]

Dem ökonomischen Monopolisierungsprozeß ist als juristischer Regelungsmechanismus das System privater Rechtsetzungsmacht funktional zugeordnet. Die private Rechtsetzungsmacht, die sich typischerweise im Vertrags- und Preisdiktat des ökonomischen Machtträgers äußert, der die Wettbewerbsgleichheit verbürgenden Konnexinstitute des Privateigentums suspendiert, nimmt die verfassungsstrukturell gesicherten Rahmenbedingungen (Eigentums-, Vertrags- und Gewerbefreiheit), die dem individuellen Zugriff sowohl des Staates wie der Privatleute entzogen waren, in eigene Regie. In politökonomischen Kategorien stellt sich dieser Prozeß als der Übergang von der Markt- zur Betriebsökonomie dar, d. h. die Anarchie der Marktgesetzlichkeit wird zugunsten der langfristig kalkulierbaren Marktbeherrschung ersetzt. Der Markt wird zur Erscheinungsform der Betriebsökonomie.[13] Mit dem Absterben der Eigengesetzlichkeit der Zirkulationssphäre

---

10 F. Böhm, Das Problem der privaten Macht, in: Reden und Schriften, Karlsruhe 1960, S. 32.

11 H. Kronstein, a. a. O. (Anm. 1), S. 158 f. Zur politischen Wirkung des Kartellierungsprozesses s. im einzelnen Kap. VIII.

12 Ebenda, S. 176.

13 A. Sohn-Rethel, Geistige und körperliche Arbeit, Frankfurt 1970, S. 136 ff. »Der moderne Produktionsbetrieb ist im Zuge seiner industriellen Entwicklung unfähig geworden, sich strukturell an die Marktbewegungen anzupassen. Die Marktökonomie beherrscht die gesellschaftliche Produktion nicht mehr. Wenn die Nachfrage fällt und die Preise sinken, sollten die Produktion eingeschränkt und die Kosten pro Einheit vermindert werden können. Wenn aber ein moderner Großbetrieb die Produktion einschränkt und unter Kapazität arbeitet, gehen die Stückkosten im Gegenteil in die Höhe, weil ein zunehmender Teil der Kostenfaktoren unelastisch geworden ist, selbst von den ständig wachsenden Generalunkosten abgesehen. Im entgegengesetzten Fall, wenn eine gegebene Produktionskapazität zur Voll- oder gar Überbeschäftigung gelangt, so vermindern sich die Stückkosten und wächst die Konkurrenzfähigkeit ohne wesentliche Mehrinvestitionen, so daß die Profite überproportional anschwellen und einen Boom erzeugen, der außer allem Verhältnis zur Marktentwicklung steht. Im Gesamteffekt genommen hat somit die ökonomische Eigengesetzlichkeit der Produktionsstrukturen die regulative Wirksamkeit der Marktökonomie in zunehmendem Maße entmachtet. Wenn aber die Produktion den Marktanforderungen nicht mehr zu gehorchen vermag, dann muß notwendigerweise versucht werden, den Markt den Produktionsanforderungen zu unterwerfen.« Ebenda, S. 140 f.

der Marktökonomie, zerfällt die tauschregulierende Substanz der Privatrechtsordnung. Sie refeudalisiert sich zu einem System von Privilegienrechten: »Es entstand jener bunte Aufbau zahlloser Wirtschaftsgemeinwesen, die, an Struktur, Größe und Macht unter sich sehr verschieden, zuweilen gegenseitig durch Abmachungen verbündet, in der Regel ausgestattet mit eigener Verfassung, eigener Gesetzgebung (Geschäftsbedingungen), eigener Gerichtsbarkeit (Schiedsgerichts- und Ehrengerichtswesen) und eigener Polizei, sich am Lauf der Ware von der Urerzeugung bis zum letzten Konsumenten gleichsam ihre Siedlungen schufen und hier die Regelung ihrer gemeinsamen Angelegenheiten im Wege der Selbstverwaltung, in völliger Autonomie und gegebenenfalls unter Anwendung von Zwangs- und Strafmitteln gegen Widerstrebende besorgen.«[14]

Die refeudalisierende Umwandlung der Privatrechtsordnung widerspricht nicht derem innersten Kern, wie die am klassischen Wettbewerbsliberalismus als übergeschichtlichen Maßstab orientierten Kritiker des Monopolismus unterstellen.[15] Schon das bürgerliche Formalrecht der konkurrenzkapitalistischen Periode, das das Privilegienrechtssystem des Feudalismus ablöste, hatte an sich eine Privilegienstruktur: nur wer Privateigentum besaß, konnte von den Formalrechten der Privatrechtsordnung Gebrauch machen. Diese Formalrechte saßen in der Produktionssphäre auf ökonomischer Ungleichheit auf; das Produktionsmitteleigentum blieb auf eine minoritäre Klasse beschränkt. Wenn Böhm postulativ das Prinzip des konkurrenzkapitalistischen Leistungswettbewerbs gegen den monopolkapitalistischen Nichtleistungswettbewerb kehrt, übersieht er die genetische Verknüpfung der beiden Wettbewerbsformen, die in der Konstanz der Privateigentumsherrschaft ihre Identität besitzen. Die Fungibilität der Privatrechtsordnung für die bürgerliche Klasse ändert sich nicht mit dem Übergang vom Konkurrenz- zum Monopolkapitalismus. Die refeudalisierte Struktur des Privatrechtssystems ist funktionsidentisch mit der formalrechtlichen Struktur der Privatrechtsordnung; beide sichern das mit dem Privateigentum an den Produktionsmitteln gesetzte private Aneignungsrecht des gesellschaftlichen Reichtums, aus dem die substantielle, den Wechsel der Rechtsformen umgreifende Privilegienstruktur des Privatrechtssystems hervorgeht. Nur werden in der monopolkapitalistischen Periode die Formen dieses Aneignungsrechts auf die Spitze getrieben. Der ökonomische Monopolisierungsprozeß, juristisch abgesichert durch das Instrument privater Rechtssetzungsmacht, die die Zwangsgesetze des Marktes ausschalten soll, verschärft den Antagonismus von gesellschaftlicher Produktion und privater Aneignung. Mit dem Kritikkrite-

14 F. Böhm, a. a. O. (Anm. 10), S. 42.
15 Vgl. exemplarisch die Position von F. Böhm, a. a. O. (Anm. 5).

rium der freien Wettbewerbswirtschaft, die auf dem Antagonismus von gesellschaftlicher Produktion und privater Aneignung basiert, appellieren die Liberalen an die Instanz, die die freie Konkurrenz in ihre monopolistische Aufhebung überführte.

Für den Prozeß der Refeudalisierung der Privatrechtsordnung übernimmt der Justizapparat Garantiefunktionen. Diese These sei an der Rechtsprechung zu den AGB und der KartellVO vom 2. November 1923[16] exemplarisch entfaltet.

Obgleich Schiedsklauseln und Prozeßkostenrisiken bewirken, daß die richterliche Nachprüfung von AGB sich nur auf einen beschränkten Ausschnitt dieses von privaten ökonomischen Mächten gesetzten Rechts bezieht,[17] erscheint die Vergegenwärtigung der Position des Justizapparates zu den AGB gerechtfertigt, nicht zuletzt, da von ihm eine spezifische Legitimationswirkung ausgeht.

Nur ein marginaler Teil von AGB ist vom RG wegen Monopolmißbrauchs als sittenwidrig verworfen worden. Nach einer Analyse der RG-Rechtsprechung kommt Raiser zu dem Schluß, daß das RG »mit dem Vorwurf des Monopolmißbrauchs Ernst zu machen weiß, (... es ihn aber), aufs Ganze gesehen, doch nur in einem beschränkten Kreis von Fällen und mit Zurückhaltung ausgesprochen (hat)«.[18] Eine zentrale Rolle spielte der Kampf um die AGB der Spediteursverbände. Er endete mit der gerichtlichen Anerkennung von AGB, die den Haftungsausschluß der Unternehmer zulassen, die Haftung dafür durch ein Bündel von Versicherungen ersetzen.[19] Die Folge ist »eine merkliche Minderung der Selbstverantwortlichkeit des Unternehmers mit der daraus sich ergebenden Gefahr ungedeckter Schäden (...) Den Nachteil trägt der (...) gewerbliche Klein- oder Privatkunde. Er ist auf die Zuverlässigkeit des Spediteurs angewiesen, ist ohne Erfahrung, daß und in welchem Umfang er selbst für Versicherung sorgen muß, und kann daher empfindliche Schäden erleiden, ohne sich bei Verschulden des Spediteurs an diesen halten zu können.«[20]

Die vom Justizapparat sanktionierte refeudalisierende Entmächtigung des individuellen Kunden, einst »König« des Wettbewerbssystems, zeigt sich auch in den AGB der Banken, des Handels und der Industrie. »Gegenüber Bankbedingungen hat sich die Rechtsprechung bisher sehr zurückhaltend gezeigt, obwohl sie unverkennbar von der Tendenz beherrscht sind, die mannig-

---

16 RGBl 1923 I, 1067.
17 Vgl. D. Hart, Allgemeine Geschäftsbedingungen und Justizsystem, Kritische Justiz 3/1971, S. 271.
18 L. Raiser, a. a. O. (Anm. 5), S. 307.
19 Ebenda, S. 311.
20 Ebenda, S. 312.

fachen Gefahren des Bankbetriebs auf den Kunden abzuwälzen.«[21] Im AGB-Kaufrecht von Handel und Industrie hat sich die Rechtsprechung nur selten mit der Frage der Zulässigkeit einzelner Klauseln beschäftigt.[22] Wenn sie dies tat, hat sie kaum Schranken für die Überwälzung der Risiken gesetzt: Haftungsausschluß für Lieferfristüberschreitungen wurden ebenso für zulässig erklärt wie der Ausschluß der Mängelrechte.[23]
Die beschränkte Korrektur von AGB wird vom Justizapparat mit der These legitimiert, daß der Markt sich weiterhin über privatautonome Tauschakte, über den Vertrag selbstreguliert.[24] Diese Fiktion führt zu der Konsequenz, daß der Eingriff in refeudalisierte Rechtsetzungsmachtpositionen als Angriff auf die Vertragsfreiheit erscheint. Die Immunisierung der Rechtsprechung gegen die monopolkapitalistische Realität erweist sich nicht nur als falsches Bewußtsein – auf dieser Stufe der Kritik bleiben die Liberalen vom Schlage Böhms stehen –[25], sondern als notwendig falsches Bewußtsein. Die ideologischen Fiktionen der Rechtsprechung figurieren nicht als zufällige, ohne weiteres korrigierbare Irrtümer; denn sie entspringen dem monopolkapitalistischen System privater Aneignung, dessen in den AGB sich kanalisierende private Rechtsetzungsmacht sie sichern, indem sie sie verhüllen.
Auch die Rechtsprechung zur KartellVO ist an die Funktionsprinzipien der refeudalisierten Privatrechtsordnung, des juristischen Korrelats des Monopolkapitalismus, gebunden.
Schon die positivgesetzlichen Bestimmungen der KartellVO, die den Rahmen für die Rechtsprechung abstecken, zeigen, wie das in Kartellen sich ausformende System privater Rechtsetzungsmacht rechtlich legalisiert wird.[26] Zentrale Bereiche privater ökonomischer Macht, wie Trusts, Konzerne und auf faktisches Verhalten gegründete kartellähnliche Zusammenschlüsse, werden dabei noch nicht einmal erfaßt.[27]
Die Kontrollfunktion der KartellVO kann auch in dem Bereich, auf den sich ihr Regelungsgehalt bezieht, kaum wirksam werden. Das Monopolgebilde ist gegenüber dem Gemeinwesen nicht positiv in Pflicht genommen: erst wenn die sogenannte mißbräuchliche Monopolausnützung sich gegen das Gemeinwohl oder die Gesamtwirtschaft richtet, ist die Eingriffsvoraussetzung erfüllt (§§ 4, 10 KartellVO).[28] Indem sich die KartellVO auf das Mißbrauchsprinzip gründet, schließt sie die prinzipielle Anerkennung mono-

21 Ebenda, S. 314 m. Nachw.
22 Ebenda, S. 316 m. Nachw.
23 Ebenda, m. Nachw.
24 D. Hart, a. a. O. (Anm. 17), S. 274 f. m. Nachw.
25 F. Böhm, a. a. O. (Anm. 5), S. 26, 34 f., 42 f.
26 Vgl. F. Böhm, a. a. O. (Anm. 5), S. 354.
27 Vgl. A. Wolfers, a. a. O. (Anm. 9), S. 131; F. Böhm, a. a. O. (Anm. 10), S. 25.
28 Vgl. F. Böhm, a. a. O. (Anm. 5), S. 355.

polistischer Marktpositionen ein; weder die Entstehung noch die Ausnützung dieser Positionen soll a priori verhindert werden.[29] Hieraus ergeben sich komplizierte, kaum lösbare Abgrenzungsfragen, deren Beantwortung erst das Vorliegen des Mißbrauchstatbestands indiziert. Die Unangemessenheit einer Monopolausnützung, insbesondere das Überschreiten des bei freier Konkurrenz sich bildenden Preises, läßt sich nur schwer quantifizieren, weil der Vergleichsmaßstab des Konkurrenzpreises fehlt.[30] Die direkten Abnehmer können den durch die Kartellbedingungen entstanden Schaden meist auf die Letztabnehmer überwälzen. Dieser Schaden kann dem einzelnen Kartell gegenüber nur schwer nachgewiesen werden.[31] So bleiben die Einzelkunden, ausgeschlossen von den ökonomischen Machtzentren, Objekt privater Rechtsetzungsmacht. »Nur in besonders krassen Fällen mögen die allgemeinen Anschauungen, Sitte und Sittlichkeit den ›Mißbrauch‹ offenbar werden lassen.«[32]

Der geringen positivgesetzlichen Kontrollmöglichkeit der KartellVO entspricht die Praxis der Rechtsprechung. Sie »hat der Monopolbewegung erst das Heimatrecht in unserer Wirtschafts- und Privatrechtsverfassung gesichert«.[33] In den Jahren ökonomischer Depression (ist ...) kein Fall bekannt (...), in dem unter der Herrschaft der Verordnung ein Kartell aufgelöst wurde oder in dem eine spezielle Regelung einer Kartellvereinbarung aufgehoben worden wäre.«[34]

Für die Zulässigkeit der Kartellierung stellte die Rechtsprechung zwei Voraussetzungen auf: der Zweck müsse erlaubt und das Mittel dürfe nicht sittenwidrig sein.[35] Nicht zulässig ist ein Kampfmittel, das gegen die guten Sitten verstößt; die Abkehr vom Leistungswettbewerb impliziert noch keinen Sittenverstoß. Als sittenwidriger Kampfzweck erscheint, den Marktkontrahenten zu vernichten oder unverhältnismäßig zu schädigen.[36] Die prinzipielle Zulassung des Monopolzwangs, der nur einer Einschränkung mit Ausnahmecharakter unterliegt, führt »in einer kapitalistisch verfaßten Wirtschaft (zu der) unausweichliche(n) praktische(n) Folge, (... einen) Antrieb zur Kartellierung und Monopolisierung«[37] zu schaffen. Wie wenig die Ausnahmeschranke die Regel der Monopolisierung stören kann, zeigte das RG, als es den Tatbestand eines sittenwidrigen Vernichtungszwecks selbst

29 A. Wolfers, a. a. O. (Anm. 9), S. 131.
30 Ebenda, S. 142 f.
31 Ebenda, S. 142.
32 Ebenda, S. 143.
33 F. Böhm, a. a. O. (Anm. 10), S. 26.
34 H. Kronstein, Cartel Control: A Record of Failure, in: a. a. O. (Anm. 1), S. 134.
35 F. Böhm, a. a. O. (Anm. 5), S. 193 m. Nachw.
36 Ebenda.
37 Ebenda, S. 196.

dann nicht annahm, als der Marktkontrahent ausgeschaltet wurde; ihm bleibe, argumentierte das RG, die Möglichkeit eines anderen Erwerbs offen.[38] Für das letzte Kriterium, der unverhältnismäßigen Schadenszufügung, gilt schließlich, daß es sich, etwa bei ruinöser Preiskonkurrenz, kaum exakt konkretisieren läßt,[39] zumal wenn das System des Monopolzwangs im Prinzip anerkannt ist. Die Garantiefunktion der Rechtsprechung für den Kartellierungsprozeß[40] wird in einem Gutachten des Kartellgerichts vom 3. 3. 1930 besonders deutlich. In ihm heißt es, daß die KartellVO »die in der Reichsverfassung verbriefte Freiheit der Wirtschaft auch hinsichtlich der Kartelle grundsätzlich unangetastet gelassen habe (...) Vor allem aber, und das ist das Entscheidende, erscheint es völlig ausgeschlossen, daß der Gesetzgeber den mit der Handhabung des § 9 betrauten Amtsstellen eine Aufgabe gestellt habe, zu deren sachgemäßer Erfüllung diese unter der gegebenen Rechts- und Wirtschaftsordnung schlechterdings nicht in der Lage sind. Daraus ergibt sich aber zwingend, daß auch eine Auslegung des § 9, die eine derartige Reglementierung der Wirtschaft und der Kartelle nach sich ziehen müßte, nicht zutreffend sein kann.«[41] Böhm faßt das Ergebnis des von der Rechtsprechung sanktionierten Refeudalisierungsprozesses der Privatrechtsordnung zusammen: »Das wirtschaftliche Leben hat unter dem System der freien Konkurrenz nicht Freiheit und Gerechtigkeit, sondern Macht und Privilegien produziert; diesem Prozesse steht aber auf der Seite des Staates (...) nur ein (...) ›non possumus‹ gegenüber. Dieses ›non possumus‹ aber ist der juristische Nährboden, aus dem der private Monopolismus seine Vorrechte und Sonderrechte zieht, dieses ›non possumus‹ ist der eigentliche Rechtstitel des monopolistischen Kampfprivilegs.«[42]

Indem der Justizapparat das System privater Rechtsetzungsmacht sichert, wird die Verfassungsstruktur zu einer abhängigen Variable des Privatrechtssystems. Die Verfassungsstruktur erscheint als das Wachs, in das sich die Funktionsbedürfnisse des Privatrechtssystems einprägen.

---

38 RG JW 1927, S. 113.

39 F. Böhm, a. a. O. (Anm. 5), S. 308.

40 Die entsprechende Entwicklung ist im Wettbewerbsrecht zu verfolgen. Das UWG, als Garant des Preiswettbewerbs konzipiert, wird von der Rechtsprechung zum Preisbindungsinstrument umfunktioniert, auch gegenüber Dritten, sofern sie erkennen konnten, daß der Markenartikel einer Preisbindung unterlag. F. Neumann, Koalitionsfreiheit und Reichsverfassung, Berlin 1932, S. 59 f. m. Nachw.

41 Sammlung von Entscheidungen und Gutachten des Kartellgerichts, Heft 4 vom 10. 4. 1930, zit. nach F. Böhm, a. a. O. (Anm. 5), S. 317.

42 F. Böhm, ebenda. Zur analogen Entwicklung in der Bundesrepublik vgl. R. Wiethölter, Rechtswissenschaft, Frankfurt 1968, S. 246 ff., ders., Wirtschaftsrecht, in: A. Görlitz (Hrsg.), Handlexikon zur Rechtswissenschaft, München 1972, S. 531 ff.

VIII. Die Bedrohung der Verfassungsstruktur durch das Privatrechtssystem 1920 bis 1929

Der Prozeß der Verklammerung des Privatrechtssystems mit der Verfassungsstruktur, der für die spezifischen Bereiche des Eigentumsschutzes, des Arbeitsverfassungs- und Tarifvertragsrechts und des monopolistischen Tauschrechts herausgearbeitet wurde, weitet sich aus und ergreift die Totalität der politischen Herrschaftsorganisation. Dieser Prozeß wird empirisch nachgezeichnet und anschließend in der Spiegelung durch den führenden bürgerlichen Verfassungstheoretiker, Carl Schmitt, betrachtet.

Die Funktion der politischen Demokratie als virtueller Sprengsatz der Privatrechtsordnung führt zu dem Versuch der politischen Repräsentanten des Kapitals, die private Rechtsetzungsmacht des refeudalisierten Privatrechtssystems direkt in die Verfassungsstruktur zu übersetzen: die Monopolisierungstendenz ökonomischer Macht schlägt in die Bedrohung der formaldemokratischen Verfassungsstruktur um.[1] Diese Tendenz bezeichnet allerdings kein mechanisches Gesetz. Ihre Realisierung hängt ab vom Kräfteverhältnis der antagonistischen Klassen und der realen Bedrohung des Privatrechtssystems.

Bis 1920, als der Staatsapparat von der Sozialdemokratie im Bündnis mit dem Zentrum und der Deutschen Demokratischen Partei beherrscht wurde, erlaubte das Stärkeverhältnis der Klassen noch keine Auflösung der formaldemokratischen Verfassungsstruktur. Dies zeigte sich an dem mißlungenen Kapp-Putsch, der an dem solidarischen Generalstreik der Unterklassen zerbrach, obgleich eine radikale Kapitalfraktion, angeführt von Stinnes und den Großbanken[2], die Rückbildung der Weimarer Verfassungsstruktur zu einem autoritären System unterstützte.

Zwischen 1920 und 1928 verfügten die politischen Repräsentanten des Kapitals über den exekutiven Apparat. Entsprechend fällt in diese Periode die Aussöhnung der gemäßigten von Duisberg und Silverberg angeführten Ka-

1 Vgl. F. Neumann, Behemoth. The Structure and Practice of National Socialism, New York 1966[4], S. 14.

2 K. Gossweiler, Großbanken, Industriemonopole, Staat. Ökonomie und Politik des staatsmonopolistischen Kapitalismus in Deutschland 1914–1932, Berlin 1971, S. 135, 141.

pitalfraktion (Elektro-, Chemie-, Export-, Fertigwarenindustrie) mit der formaldemokratischen Verfassungsstruktur von Weimar. Duisberg und Silverberg votierten für die Arbeitsgemeinschaft mit den Gewerkschaften und die Respektierung der politischen Demokratie.[3] So sehr der gemäßigten Kapitalfraktion durch die bürgerlichen Regierungen, die sich strikt an den Rahmen der Privatrechtsordnung hielten, ihre Option für den Weimarer Verfassungsstaat leicht gemacht wurde, enthielt sie schon in dieser Periode Züge, die sich implizit gegen die Weimarer Verfassungsstruktur richteten. Der Industrielle Lamers, ein Vertreter des Chemieflügels, forderte 1922 die Unternehmer zur Einheit auf, »damit die Stoßkraft des Reichsverbandes (der Deutschen Industrie), wenn sie einmal wirklich eingesetzt werden muß – in der Stunde des Sturmangriffs – nicht durch den ›Dolchstoß in den Rücken‹ geschwächt erscheint.«[4] Auch während der Herrschaft bürgerlicher Regierungen sehen die Repräsentanten der gemäßigten Kapitalfraktion die verfassungsstrukturellen Garantien für die politische Artikulation des Klassenkonflikts als potentiell bedrohlich an – reif für einen »Sturmangriff«.

Die radikalere Kapitalfraktion (Schwerindustrie) behielt unverändert die im Kapp-Putsch vorgezeichnete Linie bei. Schon 1922/23, den Jahren der Inflation, der Ruhrbesetzung, der sächsisch-thüringischen Arbeiterregierungen, des Hitler-Putsches und des autoritären Kahr-Lossow-Regimes in Bayern, plante Stinnes, Herr über den größten Montantrust Europas, die Elemente der Verfassungsstruktur zu schleifen, die das Privatrechtssystem gefährden. Stinnes forderte die Beseitigung des Streikrechts, die Abschaffung des 8-Stunden-Tages[5] und die Ersetzung der parlamentarischen Demokratie durch einen Diktator, »ausgestattet mit der Macht, alles zu tun, was irgendwie nötig ist«.[6] Wie wenig sich die beiden Kapitalfraktionen in der allgemeinen Strategie der Übersetzung der Privilegienstruktur des Privatrechts-

---

3 Ebenda, S. 138 f. K. D. Bracher, Die Auflösung der Weimarer Republik, Villingen 1960³, S. 206.

4 K. Gossweiler, a. a. O. (Anm. 2), S. 140. Vgl. auch ähnliche Äußerungen von Duisberg und dem Geschäftsführer des Reichsverbandes der Deutschen Industrie, Bücher, ebenda, S. 139 f.

5 G. W. F. Hallgarten, Hitler, Reichswehr und Industrie, Frankfurt 1962², S. 50 ff.

6 Ebenda, S. 63 ff. In einem Telegramm vom 21. 9. 1923 an den US-amerikanischen Außenminister berichtet der Botschafter der USA in Berlin, Houghton, über die Vorstellungen von Stinnes: »Die deutsche Arbeiterschaft müsse länger und schwerer arbeiten. Er sagte, er glaube, daß die deutschen Arbeiter zu niedrig bezahlt wären, und daß er, wie er dächte, ihre Löhne verdoppeln oder gar verdreifachen könne, wenn ein normaler 10-Stunden-Arbeitstag wieder eingeführt würde. Jedoch ist er überzeugt, daß die deutsche Arbeiterschaft auf diese Notwendigkeit nicht eingehen wird und daher hierzu gezwungen werden muß. Deshalb sagte er, muß ein Diktator gefunden werden, ausgestattet mit der Macht alles zu tun, was irgendwie nötig ist. So ein Mann muß die Sprache des Volkes reden und selbst bürgerlich sein, und so ein Mann steht bereit. Eine große von Bayern aus-

systems in die Verfassungsstruktur unterschieden, zeigte eine vom Reichsverband der Deutschen Industrie 1925 veröffentlichte Denkschrift.[7] Sie stellte die Forderung nach verlängerter Arbeitszeit, staatlicher Lohnregulierung und Verringerung der Sozialleistungen auf, plädierte für die Beseitigung von Steuergesetzen, die der »wirtschaftlich richtigen Konzentration« entgegenstehen.[8] Das bedeutete: Grundrechtspositionen der Organisationen der Unterklassen sollten beseitigt, das Parlament für die Privilegienstruktur des Privatrechtssystems instrumentalisiert werden.

In der Wirtschaftskrise, als eine von der SPD geführte große Koalition über den exekutiven Apparat verfügte, verstärkte sich diese Tendenz massiv. Duisberg bezichtigte die Regierung Müller (SPD) sozialistischer Praktiken; andere Kapitalvertreter erhoben einen »nationalen« Primatanspruch und bezogen klar Position gegen die politische Demokratie und »Staatssozialismus«.[9] Die Konnexinstitute gewerkschaftlicher Koalitionsfreiheit, Allgemeinverbindlichkeitserklärung und Unabdingbarkeit der Tarifverträge, wurden konzentrisch von den politischen Repräsentanten des Kapitals angegriffen.[10] Das gleiche galt für das parlamentarische System, in dem die politischen Organisationen der Unterklassen potentiell ihren Willen in Gesetzesform artikulieren können. Der Reichsverband der Deutschen Industrie forderte ein unternehmerfreundliches, parlamentarischer Kontrolle entzogenes Verordnungsregime.[11] Der Vorsitzende des Verbandes sächsischer Industrieller, Witte, formulierte auf der außerordentlichen Sitzung des Reichsverbandes am 12. 12. 1929 klare Alternativen. Er sagte, »daß die deutsche Parteiendemokratie einer ›festen‹ und ›beständigen‹ Ordnung im Sinne

---

gehende Bewegung, entschlossen, die alten Monarchien wiederherzustellen, sei nahe (. . .). Um Mitte Oktober werden drei oder möglicherweise vier Millionen Menschen arbeitslos sein. Die Kommunisten werden versuchen, diese Lage zum Ausbruch einer Revolution zu nützen (. . .). Unterdessen wird die Stresemannregierung ihre Unfähigkeit, mit der ihr gestellten Aufgabe fertig zu werden, erwiesen haben, und die Nation wird vor der Frage stehen, ihre Rettung entweder bei den Rechts- oder bei den Linksparteien zu suchen. Sobald die Kommunisten ihre Operationen beginnen, wird Ebert im Namen der Republik einen Mann oder, wenn möglich, ein Komitee von drei Männern als Diktator ernennen und wird die ganze militärische Gewalt unter des Diktators Befehl stellen. Von da ab wird die parlamentarische Regierung zu Ende sein. Die Kommunisten werden rücksichtslos zerschmettert werden, und wenn sie zum Generalstreik aufrufen, wird dieser ebenfalls mit Gewalt unterdrückt. Wenn alles gut geht, denkt Stinnes, wird die ganze Lage innerhalb drei Wochen nach Beginn geklärt sein. Der Sozialismus wird nach diesen Erwartungen als politische Daseinsform in Deutschland für immer beseitigt und die Gesetze und Verordnungen, die die Produktion hindern und keinem nützlichen Zweck dienen, werden unverzüglich widerrufen werden.« Ebenda, S. 65 f.

7 Deutsche Wirtschafts- und Finanzpolitik Berlin 1925.

8 Ebenda, S. 22, zit. nach Imperialismus heute, Berlin 1968, S. 46 (Anm. 74)

9 K. D. Bracher, a. a. O. (Anm. 3), S. 206 f.

10 Ebenda, S. 205.

11 Ebenda, S. 293.

der industriellen Forderungen im Wege stehe. Man müsse deshalb über das Parlament hinweggehen und durch äußere Verordnungen den Zustand (...) schaffen, den die fehlende Gesetzgebung uns nicht schaffen kann. Ich stehe durchaus nicht isoliert da, wenn ich sage: Ein Ermächtigungsgesetz kann vielleicht noch die einzige Hilfe sein, die aus diesem Zustand herausführt‹.«[12] Der Kurswechsel der politischen Repräsentanten des Kapitals von der Teilrespektierung der Verfassungsstruktur von Weimar zum Frontalangriff gegen sie ist darin begründet, daß die Deutsche Volkspartei, die Partei der gemäßigten Kapitalfraktion, an Wählerschwund litt. Entsprechend sank die parlamentarische Durchsetzungschance der Privateigentumsinteressen.[13] So wurden diese Interessen auf die außerparlamentarische Ebene transponiert, »wo nicht mehr die Zahl der Stimmen, sondern die Macht des Einflusses und der Querverbindungen maßgebend sein würde. Dies aber bedeutete (...) die Erweiterung des prinzipiellen Interessenkampfes um die Erhaltung des kapitalistischen Wirtschafts- und Gesellschaftssystems zu einem Angriff auf das demokratische ›System‹ der Weimarer Republik.«[14] Um die refeudalisierte Privatrechtsordnung zu sichern, mußte der Sprengsatz der formaldemokratischen Verfassungsstruktur ausgebaut werden.

Theoretiker dieser direkten Verlängerung des Privatrechtssystems in die Verfassungsstruktur ist Carl Schmitt. Seine Position, in der sich die bürgerlichen Interessen rein artikulieren, sei daher genauer analysiert.

Angelpunkt der Theorie Carl Schmitts ist die von Marx formulierte Einsicht, daß das demokratisch-parlamentarische Rechtsstaatssystem, das den Unterklassen, vermittels der Grundrechte und parlamentarischer Repräsentanz, weitgehende Aktionsmöglichkeiten bis hin zur legalen Disposition über die öffentliche Gewalt einräumt, und das Privatrechtssystem, das die ökonomische Vormachtstellung des Bürgertums garantiert, die Struktur der Verfassung mit einem »umfassenden Widerspruch«[15] belegen: der gesellschaftliche Antagonismus kann sich politisch ausdrücken. Carl Schmitt löst den »umfassenden Widerspruch« von politischer Emanzipation und sozialer Restauration nach der einen Seite hin auf. Mit der sozialen Restauration soll die politische konvergieren. Das Schema der Argumentation stellt sich folgendermaßen dar: Die klassischen Institutionen und Bestandselemente des bürgerlichen Rechtsstaats werden gegen die reale, durch antagonistische Interessen geprägte Beziehung von Privatrechtssystem und Verfassungsstruktur gekehrt; das Idealbild des klassischen Liberalismus, der die Kri-

---

12 Ebenda.
13 Ebenda.
14 Ebenda.
15 K. Marx, Die Klassenkämpfe in Frankreich, MEW Bd. 7, Berlin 1971, S. 49.

stallisierung des gesellschaftlichen Antagonismus in der Verfassungsstruktur durch Zensuswahlrecht und Koalitionsverbote etc. verhinderte, figuriert als kritischer Maßstab des Verfassungszustands von Weimar.[16]

Das klassische System des Parlamentarismus, verfassungsstrukturelles Kerninstitut des Liberalismus, mit dem das Bürgertum seine allgemeine Freiheit und Eigentum betreffenden Interessen gegen die legislative Suprematie des absoluten Königs und seiner Arkanpolitik formulierte, hatte eine eindeutige durch das Privatrechtssystem konstituierte Homogenitätsbasis.[17] Auf dieser allgemeinen Interessenbasis konnte das von Carl Schmitt mit Nachdruck hervorgehobene Prinzip von Öffentlichkeit und Diskussion seine Wirkung entfalten. »Durch Öffentlichkeit und Diskussion allein glaubte man die bloß tatsächliche Macht und Gewalt – für liberal-rechtsstaatliches Denken das an sich Böse, the way of heast, wie Locke sagt – überwinden und den Sieg des Rechts über die Macht herbeiführen zu können.« »Kontrakdiktorische Gegensätze heben den Parlamentarismus auf, und seine Diskussion setzt eine gemeinsame, nichtdiskutierte Grundlage voraus.«[18] Diese gemeinsame Grundlage ist die gleichsam apriorische Garantie für die Durchsetzung des volonte generale in der Form des allgemeinen Gesetzes. Allerdings degeneriert – was Carl Schmitt unterschlägt – der volonte generale in der klassengespaltenen Gesellschaft, die das Privatrechtssystem juristisch fixiert, zum volonte particulare des Dritten Standes, der sich mit der Toga des Allgemeininteresses umhüllt.

Mit dem Sieg des allgemeinen Wahlrechts, das die privateigentumslosen Unterklassen aus der politischen Ohnmacht befreit, zerspringt die Homogenitätsbasis des klassischen Parlamentarismus. Carl Schmitt hat die Folgen für die Verfassungsstruktur von Weimar diagnostiziert: »Die Parteien (...) treten heute nicht mehr als diskutierende Meinungen, sondern als soziale und wirtschaftliche Machtgruppen einander gegenüber, berechnen die beiderseitigen Interessen- und Machtmöglichkeiten und schließen auf dieser faktischen Grundlage Kompromisse und Koalitionen;«[19] an der »interessen- oder klassenmäßigen Festlegung vermag eine öffentliche parlamentarische Diskussion nichts mehr zu ändern (...) Die wesentlichen Entscheidungen

16 Vgl. I. Maus, Die »Zäsur« von 1933 in der Theorie Carl Schmitts, Kritische Justiz 2/1969, S. 113 ff., insb. S. 118.

17 C. Schmitt, Die geistesgeschichtliche Lage des heutigen Parlamentarismus, Berlin 1963³, S. 41 ff.

18 Ebenda, S. 61, 58. Vgl. auch S. 19: »Bei der Entwicklung des wesentlichsten Begriffs, der Volonte generale, zeigt sich, daß der wahre Staat nach Rousseau nur existiert, wo das Volk homogen ist, daß im wesentlichen Einstimmigkeit herrscht. Es darf nach dem Contract social keine Parteien geben, keine Sonderinteressen, keine religiösen Verschiedenheiten, nichts, was die Menschen trennt (...).«

19 C. Schmitt, Verfassungslehre, Berlin 1965⁴, S. 319.

werden außerhalb des Parlaments getroffen. Das Parlament fungiert dabei als Bureau für eine technische Umschaltung in den staatlichen Behördenapparat.«[20] »So wird das Parlament aus dem Schauplatz einer einheitsbildenden freien Verhandlung freier Volksvertreter, aus dem Transformator parteilicher Interessen in einen überparteilichen Willen, zu einem Schauplatz der pluralistischen Aufteilung der organisierten gesellschaftlichen Mächte.«[21] Der unproblematische liberale Funktionszusammenhang von Privatrechtssystem und Verfassungsstruktur erscheint gestört in dem Maße, in dem der »Staat zur Selbstorganisation der Gesellschaft«[22] wird, die durch die Eigentumsverhältnisse bedingten Klassenantagonismen sich in die Verfassungsstruktur umsetzen. Die Interventionen des Staates in die Wirtschaft mobilisieren unmittelbar die von diesen Maßnahmen betroffenen gesellschaftlichen Machtgruppen. »Im heutigen Staat, und zwar um so mehr, je mehr er moderner Industriestaat ist, machen die wirtschaftlichen Fragen den Hauptinhalt der innenpolitischen Schwierigkeiten aus und ist die Innen- und Außenpolitik zum großen Teil Wirtschaftspolitik.«[23] Entsprechend sind, als notwendiges Korrelat, »die Parteien, in denen die verschiedenen gesellschaftlichen Interessen und Tendenzen sich organisieren, (...) die zum Parteienstaat gewordene Gesellschaft selbst«.[24]

Die Kritik Carl Schmitts an dem in die Verfassungsstruktur eingezogenen, mit dem Privatrechtssystem gesetzten gesellschaftlichen Antagonismus zieht sich zu der These und der Forderung zusammen, daß sich gegenüber der Umprägung der Verfassungsstruktur zu einem Aggregat konkurrierender sozialer Machtkomplexe die substantielle Einheit und Kraft des Staates zu konstituieren habe: »Es (kann) keinen Staat geben, der *nur* ein pluralistischer Parteienstaat wäre. Außer den rein parteimäßigen Kräften muß es immer auch andere, unparteiische und überparteiliche Kräfte geben, wenn die staatliche Einheit sich nicht in einem pluralistischen Nebeneinander sozialer Machtkomplexe auflösen soll.«[25] Carl Schmitt repetiert die Position der Hegelschen Rechtsphilosophie, in der der Staat die in antagonistische Interessen zerrissene bürgerliche Privatrechtsgesellschaft, das »System der Bedürfnisse« zu einem klassenjenseitigen Allgemeininteresse zusammenschließt: der Staat erscheint als »die Wirklichkeit der sittlichen Idee«, als »der Gang

---

20 C. Schmitt, a. a. O. (Anm. 17), S. 11.
21 C. Schmitt, Der Hüter der Verfassung, Berlin 1969², S. 89.
22 Ebenda, S. 78.
23 Ebenda, S. 81.
24 Ebenda, S. 79. »Ihre eigentliche Bedeutung erhält die Polykratie der öffentlichen Wirtschaft, daß sie mit dem pluralistischen Auseinanderbrechen eines parlamentarischen Gesetzgebungsstaates bei gleichzeitiger intensivster Entwicklung des Staates zum Wirtschaftsstaat zusammentrifft.« Ebenda, S. 93 f.
25 Ebenda, S. 100 f. Hervorhebung v. C. Schmitt.

Gottes durch die Welt.«[26] Verfassungsgesetzlicher Zurechnungspunkt für die hegelianisch tangierte Theorie Carl Schmitts ist das in Art. 48 II WRV vorgesehene Notverordnungsrecht des Reichspräsidenten, der zum »Hüter der Verfassung« stilisiert wird. »Wenn sich in der gegenwärtigen Verfassungslage Deutschlands gerade eine Praxis des wirtschaftlich-finanziellen Ausnahmezustands herausgebildet hat, so ist das nicht Willkür und Zufall, auch nicht ›Diktatur‹ in dem Sinne des vulgären, parteipolitischen Schlagwortes, sondern Ausdruck eines tiefen innerlichen Zusammenhangs. Es entspricht der Wendung, die ein Gesetzgebungsstaat zum Wirtschaftsstaat nimmt und die von einem pluralistisch aufgespaltenen Parlament nicht mehr vollzogen werden kann (...). Das wirtschaftlich-finanzielle gesetzvertretende Verordnungsrecht der heutigen Praxis des Art. 48 bleibt analog in Übereinstimmung mit der bestehenden Ordnung und sucht den verfassungsmäßigen Gesetzgebungsstaat, dessen gesetzgebende Körperschaft pluralistisch zerteilt ist, gegenüber einem verfassungswidrigen Pluralismus zu retten.«[27] Der Reichspräsident sei als »Hüter der verfassungsmäßigen Gesamtordnung«[28] anzusehen, in welchem sich – da er vom ganzen Volk gewählt wurde – die »politische Einheit des unmittelbar vorhandenen Volkes«[29] inkarniere. Die Funktion des Reichspräsidenten nimmt gleichsam die Form des »Gang(s) Gottes durch die Welt« an. Der Reichspräsident erscheint dem »Pluralismus wirtschaftlich und sozialer Machtgruppen« entzogen, in »parteipolitischer Neutralität und Unabhängigkeit« dem »politischen Ganzen« verpflichtet.[30] In der Funktion des Reichspräsidenten verheiraten sich gleichsam die rouseauistische Theorie der direkten, auf substan-

---

26 G. W. F. Hegel, Grundlinien der Philosophie des Rechts, ed. Moldenhauer/Michel, Frankfurt, § 257, § 258 Zusatz. »Der Staat ist als die Wirklichkeit des substantiellen *Willens*, die er in dem zu seiner Allgemeinheit erhobenen besonderen *Selbstbewußtsein* hat, das an und für sich *Vernünftige*. Diese substantielle Einheit ist absoluter unbewegter Selbstzweck, in welchem die Freiheit zu ihrem höchsten Recht kommt, so wie dieser Endzweck das höchste Recht gegen die einzelnen hat, deren *höchste Pflicht* es ist, Mitglieder des Staates zu sein. Wenn der Staat mit der bürgerlichen Gesellschaft verwechselt und seine Bestimmung in der Sicherheit und den Schutz des Eigentums und der persönlichen Freiheit gesetzt wird, so ist *das Interesse des einzelnen als solcher* der letzte Zweck, zu welchem sie vereinigt sind, und es folgt hieraus ebenso, daß es etwas Beliebiges ist, Mitglied des Staates zu sein. – Er hat aber ein ganz anderes Verhältnis zum Individuum; indem er objektiver Geist ist, so hat das Individuum selbst nur Objektivität, Wahrheit und Sittlichkeit, als es Glied desselben ist. Die *Vereinigung* als solche ist selbst der wahrhafte Inhalt und Zweck, und die Bestimmung des Individuums ist, ein allgemeines Leben zu führen; ihre weitere besondere Befriedigung, Tätigkeit, Weise des Verhaltens hat dies Substantielle und Allgemeingültige zu seinem Ausgangspunkte und Resultate.« Hervorhebung von Hegel. Ebenda, § 258.

27 C. Schmitt, Der Hüter der Verfassung, a. a. O. (Anm. 21), S. 131.

28 Ebenda, S. 131.

29 Ebenda, S. 149

30 Ebenda, S. 159.

tielle Gleichheit des Volkes gegründeten Demokratie und die Hegelsche Philosophie der Überhöhung und Vergoldung des Staates. Carl Schmitt versucht, die unproblematische Synchronisation von Privatrechtssystem und Verfassungsstruktur, jenseits der gesellschaftlichen Antagonismen, zu restituieren.

Die Kritik an der Auflösung des Staates in soziale Machtkomplexe ist nur scheinbar in gleiche Weise auf die Parteien des Privatrechtssystems und auf die Opponenten dieses Systems bezogen; nicht zufällig spricht Carl Schmitt an einer verdeckten Stelle vom »sozialistisch-gewerkschaftlichen Pluralismus«[31] und nennt den Feind des sogenannten Gesamtwillens beim Namen. Deutlicher noch als in dieser Formulierung ist die objektive Struktur der Carl Schmittschen Theorie auf die ungefährdete verfassungsstrukturelle Sicherung des Privatrechtssystems gerichtet. Indem das Zentrum der Verfassungsstruktur aus dem Parlament, in dem auch die Opponenten des Privatrechtssystems Gewicht besitzen, sich auf den von countervailing powers nicht begrenzten konservativen Reichspräsidenten verlagert, sind die Beziehungen von Privatrechtssystem und Verfassungsstruktur kurzgeschlossen. Die hiermit gesetzte Stillegung des gesellschaftlichen Antagonismus schützt den Status quo des gegebenen Privatrechtssystems, an dessen Funktionsbedingungen der Reichspräsident, mag er verfassungstheoretisch zum Repräsentanten des »politischen Ganzen« aufgebläht werden, gebunden ist: dies zeigt das Notverordnungsregime von Brüning und Hindenburg, das den Staatsapparat in die Hand wirtschaftsabhängiger sogenannter Fachleute legte.[32]

In Carl Schmitts Theorie reflektiert das Bürgertum seine brüchig gewordene politische Herrschaft, entschlossen, sie wieder fest an die Kette seiner sozialen Herrschaft zu legen, die im Privatrechtssystem ihre juristische Kodifikation in Gestalt privater Nutzungs- und Herrschaftsrechte findet. »Starker Staat und gesunde Wirtschaft«[33] – in diesem programmatischen Begriffspaar, mit dem Carl Schmitt einen Aufsatz im Jahr 1933 überschreibt, konzentriert sich das Ziel der gegenrevolutionären Revolution von rechts.

---

31 C. Schmitt, Der Begriff des Politischen, Berlin 1969, S. 119.
32 Vgl. A. Rosenberg, Geschichte der Weimarer Republik, Frankfurt (M.) 1961, S. 207.
33 C. Schmitt, in: Volk und Reich, 1933.

IX. Der Sieg des Privatrechtssystems über die Verfassungsstruktur in der ökonomischen Krise 1930 bis 1933

In der ökonomischen Krise der Jahre 1930–1933 nimmt der Mechanismus der Funktionalisierung der Verfassungsstruktur durch das Privatrechtssystem eine qualitativ neue Form an.

Bedingungsfeld für diese Entwicklung ist die ökonomische Krise. Unmittelbar wurde sie durch den Abzug der kurzfristigen amerikanischen Kredite im Gefolge des New Yorker Börsenkrachs von 1929 ausgelöst. Die eigentlichen Ursachen lagen aber in der monopolistischen Organisation der Wirtschaft, aus der mit Notwendigkeit die Überproduktions- bzw. Unterkonsumtionskrise hervorging. Der krisenverursachende Kreislauf kann folgendermaßen beschrieben werden: »Ausnutzung der Monopolstellung zu Preiserhöhungen, Verwendung der Monopolgewinne zum Werksausbau, Zustrom des anlagesuchenden Kapitals in die Monopolindustrien, Gründung bzw. Ausbau von Außenseiterwerken, Quotenkauf, Stillegungsbelastung mit der Wirkung eines starken Vorauseilens der Leistungsfähigkeit gegenüber den Absatzmöglichkeiten, Belastung der Produktion mit Zinsverpflichtungen für fehlgeleitetes Kapital, Warenüberteuerung und Kapitalvernichtung.«[1] Diese in der Krise zum Ausbruch kommenden Friktionen der kapitalistischen Wirtschaft forderten, wenn der Herrschaftsrahmen des privaten Produktionsmitteleigentums erhalten werden sollte, die Zertrümmerung der Verfassungsstruktur von Weimar.

Die erste Stufe auf diesem Weg war das Präsidialregime Brünings, das das Parlament zu einer passiven Tolerierungsexistenz verurteilt. Die Gesetzgebungsfunktion des Parlaments geht über auf die Exekutive.[2] Die Verschie-

1 K. Mendelsohn, Kapitalistisches Wirtschaftschaos oder sozialistische Planwirtschaft, Berlin 1932, S. 18. Vgl. auch W. Hofmann, Die säkulare Inflation, Berlin 1962, S. 16 ff., insb. S. 22.

2 »Während zwischen 1925 und 1930 alle Gesetze auf parlamentarischem Wege verabschiedet worden waren und auch 1930 fünf Notverordnungen noch einer Mehrzahl ordentlicher Gesetze gegenüberstand, schnellte die Zahl der Verordnungen 1931 auf 44, 1932 sogar auf 60 empor (. . .). Dem entsprach der schnelle Rückgang der parlamentarischen Aktivität: 1930 hatte der Reichstag noch 34 Sitzungen abgehalten, 1931 waren es weniger als die Hälfte (41) und 1932 gar nur 13 Sitzungen.« K. D. Bracher, Die Auflösung der Weimarer Republik, Villingen 1960³, S. 422.

bung des staatlichen Machtzentrums zur Exekutive wird verfassungsrechtlich mit Art. 48 WRV legitimiert. Verfassungssoziologisch aber bedeutet dies eine prinzipielle Veränderung des politischen Herrschaftsgefüges, die Installierung einer bürokratischen Diktatur,[3] die die unwägbaren, potentiellen Gefährdungen des Privatrechtssystems, welche aus der parlamentarischen Repräsentanz der Unterklassen hervorgehen, beseitigt und die »Machtusurpation durch eine sonst nicht zum Zuge gelangende gesellschaftliche Klasse«[4] herbeiführt.

Den sozialen Gehalt der Notverordnungsdiktatur enthüllte Brüning mit den Worten, es gelte, »die Basis der Regierung schrittweise (...) nach rechts zu verbreitern«.[5] Die Verzahnung von Privatrechtssystem und Verfassungsstruktur in der Form eines die Legislative ausschaltenden Verordnungsregimes entspricht der Forderung der politischen Repräsentanten des Kapitals zur Überwindung der ökonomischen Krise.[6] So begrüßte die im Reichsverband der Deutschen Industrie dominierende gemäßigte Kapitalfraktion den anti-parlamentarischen Umbau des politischen Herrschaftsgefüges.[7] Die Maßnahmen der Regierung Brüning waren auf die kapitalistische Lösung der ökonomischen Widersprüche gerichtet. Das System sozialer Sicherungen der Unterklassen (Arbeitslosenversicherung, Sozialversicherung etc.), das den konzentrischen Angriffen der Vertreter des Privatrechtssystems ausgesetzt war,[8] wurde stark beschnitten.[9] Dem korrespondierte der staatlich verordnete Lohnabbau und die tendenzielle Aufhebung des Tarifsystems in einem von der öffentlichen Gewalt instrumentierten Lohnamt.[10] Auf der anderen Seite wurde die Privateigentumsherrschaft, die in der Selbstverwertungskrise des Kapitals in der Substanz getroffen war, unmittelbar staatlich gestützt. Durch Steuersenkungen, Subventionen, finanzielle Garantien und Kredite im Gesamtwert von etwa 4,6 Milliarden Reichsmark wurde

---

3 Vgl. F. Neumann, Behemoth, The Structur and Practice of National Socialism, New York 1966[4], S. 25.

4 O. Kirchheimer, Verfassungsreform und Sozialdemokratie, in: Funktionen des Staates und der Verfassung, Frankfurt 1972, S. 86.

5 H. Brüning, Memoiren 1918–1934, Stuttgart 1970, S. 394. Arthur Rosenberg faßt diesen Sachverhalt in den Satz: »In Wirklichkeit war Brüning, als Kanzler der gegenrevolutionären Diktaturregierung, vom ersten Tage an der Gefangene der Schwerindustriellen, Bankiers und Großgrundbesitzer.« A. Rosenberg, Geschichte der Weimarer Republik, Frankfurt 1961, S. 207. Die ideologische Tingierung der Politik Brünings erweist sich schlagend an seinem Postulat der Wiedereinführung der Monarchie (H. Brüning, a. a. O., S. 146, S. 194) – jener Schutzwand vor der demokratischen Imprägnierung des Privatrechtssystems. Dessen Refeudalisierung sollte auf der Ebene der Verfassungsstruktur reproduziert werden.

6 S. oben S. 67 f.

7 K. D. Bracher, a. a. O. (Anm. 2), S. 382 f.

8 S. oben S. 67.

9 F. Sternberg, Der Niedergang des deutschen Kapitalismus, Berlin 1933[2], S. 257 ff.

10 Ebenda, S. 251 ff.; ferner oben 55 f.

die private Verfügungsgewalt über den ökonomischen Apparat restabilisiert.[11]

Die unmittelbare Inkorporation der Verfassungsstruktur in das Privatrechtssystem war nur möglich, weil die politischen Organisationen der Lohnarbeiterklasse sich in zwei einander feindlich gegenüberstehende Lager polarisiert hatten. Die Paralysierung der Arbeiterbewegung konstituierte allererst die Bedingungen für den privateigentumsadäquaten Umbau der Verfassungsstruktur.[12]

Die SPD unterstützte die Brüningsche Präsidialdiktatur als das gegenüber dem Faschismus »kleinere Übel«.[13] Dies hieß aber, den Voraussetzungen der reformistischen Strategie der Einschränkung des Privatrechtssystems bis hin zum legalen Übergang zur »Wirtschaftsdemokratie«[14] das Wasser abzugraben. Denn reformistische Politik war ja an die Prämisse gebunden, mittels parlamentarischer Gesetzgebungstätigkeit die Privateigentumsherrschaft schrittweise zu überwinden. Indem die SPD die Selbstausschaltung des Parlaments sanktionierte, zerstörte sie ihr ureigenes Instrument. Konsequenterweise gelang es ihr auch nicht, auf dem eigentlichen Feld des Reformismus, des sozialpolitischen Kampfes, den Abbau der Löhne und der sozialen Sicherungen zu verhindern. Die in der reformistischen Politik implizierte Auskreisung der privaten ökonomischen Herrschaftsstruktur führte zur passiven Anpassung an die Redressierung der Verfassungsstruktur von Weimar. Eine offensive Verteidigung der Verfassungsstruktur hätte bedeutet, die in ihr angelegten Gestaltungschancen zum Kampf gegen die Privilegienstruktur der Privatrechtsordnung zu nutzen.

Wie die SPD sich in passive Hilflosigkeit festbannte, so war auch die»radikale« Politik der anderen Organisation der Unterklassen, der KPD, dazu angetan, das Widerstandspotential gegen die Aufsaugung der Verfassungsstruktur durch das Privatrechtssystem zu schwächen. Die Sozialdemokratie wurde, entsprechend der sogenannten Sozialfaschismustheorie, zum »Zwillingsbruder des Faschismus« (Stalin)[14a] erklärt: sie müsse in einem »Ver-

---

11 Vgl. Imperialismus heute, Berlin 1968, S. 59 f. In einer tabellarischen Übersicht hat K. Mendelsohn, a. a. O. (Anm. 1), S. 55 f. die Subventionen des Staates für die einzelnen Unternehmen aufgeschlüsselt. »In der Kreditwirtschaft sind Reich und Länder nahezu zum alleinigen Verlust- und Risikoträger geworden. In der Bankenkrise hat das Reich (...) insgesamt eine Milliarde Mark zur Sanierung und Wiederaufrichtung der Großbanken (Danat, Dresdner, Commerz- und Dedibank), zur Stützung notleidender Provinzbanken (Barmer Bankverein, Adca, Schröderbank Bremen, Hallescher Bankverein), für zahlreiche Mittelstands- und Genossenschaftsbanken usw. aufwenden müssen.« Ebenda, S. 57.

12 Vgl. F. Sternberg, a. a. O. (Anm. 9), S. 340, A. Sohn-Rethel, Die soziale Rekonsolidierung des Kapitalismus, Kursbuch 21/1970, S. 20.

13 K. D. Bracher, a. a. O. (Anm. 2), S. 333, 387, 392.

14 F. Naphtali (Hrsg.), Wirtschaftsdemokratie, Berlin 1929.

14a Zit. nach H. Weber (Hrsg.), Völker hört die Signale, München 1967, S. 121.

nichtungskampf« niedergerungen werden.[15] Die Handlungsperspektive der KPD verkürzte sich weiter, indem sie die spezifische Differenz zwischen dem Präsidialregime Brünings, das den grundrechtlichen Aktionsrahmen der Arbeiterorganisationen unangetastet ließ, und dem Faschismus mit der Formel vom »Brüning-Faschismus«[16] verwischte.

So sehr die Lähmung der Arbeiterorganisationen den Prozeß der Funktionalisierung der Verfassungsstruktur durch das Privatrechtssystem erleichterte, war doch die Sicherung der Privatrechtsordnung unter den spezifischen Bedingungen der ökonomischen Krise nur möglich, wenn auch das defensive Potential der Arbeiterbewegung im politischen Kräftefeld, das die Weimarer Verfassung absteckte, ausgeschaltet wurde.

Die spezifischen Bedingungen der ökonomischen Krise bestanden darin, daß aufgrund der Interessenlage des Kapitals in Deutschland die Rekonsolidierung der bürgerlichen Herrschaft nur unter imperialistischem Vorzeichen vonstatten gehen konnte:[16a] Rüstung und eine expansive Politik gegenüber Osteuropa sollten die Selbstverwertungsschranken des Kapitals zerbrechen.[17] »Das gesamte deutsche Großkapital war durch die Weltkrise entzweigespalten, in die defizitären Teile, für die es einen Ausweg nur noch in der Ökonomie der nicht reproduktiven Werte, also Rüstungsproduktion und Krieg geben konnte, und die finanziell starken, und momentan gelähmten Gruppen (...) Sie wollten keineswegs die finanziell Gesunden opfern, sie wollten sie nur temporär umschalten von Übersee auf Binneneuropa. (...) Die begonnene Industrialisierung der europäischen Agrarländer mit nicht-deutschem Kapital sollte unterbunden und in stark vergrößertem Maßstab in eine Investitions- und Exportpolitik fürs deutsche Kapital verwandelt werden.«[18]

---

15 H. Weber, Die Wandlungen des deutschen Kommunismus, Frankfurt 1969, S. 239, S. 240 ff. Im Februar 1932 erklärte Thälmann, »SPD und NSDAP sind Zwillinge«; er forderte die KPD auf, den »Hauptstoß gegen die Sozialdemokratie zu richten«. E. Thälmann, Der revolutionäre Ausweg und die KPD, Berlin 1932, S. 25, S. 36, zit. nach H. Weber, ebenda, S. 242., Anm. 17.

16 Ebenda, S. 240, K. D. Bracher, a. a. O. (Anm. 2), S. 386, Anm. 86.

16a Zum Problem der nicht-imperialistischen Überwindung der kapitalistischen Krise durch keynesianische Politik, vgl. P. Sering, Jenseits des Kapitalismus, Nürnberg 1948^3, S. 104 ff. Roosevelts New-Deal-Politik, die die Massenkaufkraft durch Sozialausgaben und große Entwicklungsprojekte zu heben versuchte, traf auf den sozialstaatsfeindlichen Boykott der kapitalistischen Machtelite, die ihre Investitionstätigkeit in konjunkturhemmenden Grenzen hielt. Erst mit der im Gefolge des Zweiten Weltkrieges einsetzenden Rüstungskonjunktur konnte die ökonomische Krise überwunden werden. Vgl. auch F. Vilmar, Rüstung und Abrüstung im Spätkapitalismus, Frankfurt 1965, S. 210 ff.

17 Ansätze für diese Politik finden sich schon bei Brüning. H. Brüning, a. a. O. (Anm. 5), S. 193, 435, 500.

18 A. Sohn-Rethel, Ein Kommentar nach 38 Jahren, Kursbuch 21/1970, S. 31. Vgl. auch M. Clemenz, Gesellschaftliche Ursprünge des Faschismus, Frankfurt 1972, S. 188 ff.

Diese kapitalistische Konzeption zur Lösung der ökonomischen Krise konnte nur durchgesetzt werden, wenn, nach der Aufhebung des Parlamentarismus, ein weiteres Bestandelement der Weimarer Verfassungsstruktur, das Grundrechtssystem, beseitigt wurde. Auf der nächsten Stufe der Umfunktionierung der Verfassungsstruktur in einen Appendix des Privatrechtssystems mußte sich der Stoß gegen die verbliebenen Bastionen der Arbeiterbewegung richten, die durch das Grundrechtssystem geschützt wurden. Denn die Bastionen der Arbeiterbewegung – Trotzki nennt sie »Zentren proletarischer Demokratie«: »Gewerkschaften, Parteien, Bildungsclubs, Sportorganisationen, Genossenschaften«[19] – wären zum Hindernis für die imperialistische Instrumentierung des Staatsapparats geworden. »Die Ziele der monopolistischen Mächte konnten nicht in einem System politischer Demokratie durchgesetzt werden (...) Die Sozialdemokratische Partei und die Gewerkschaften waren, obgleich sie ihre aggresive Militanz verloren hatten, doch mächtig genug, um ihre Ziele zu verteidigen. Ihre defensive Stärke machte es unmöglich, die gesamte Staatsmaschinerie in den Dienst einer partikularen Gruppe der Gesellschaft zu stellen (...) Die vollständige Unterwerfung des Staates unter die Industrieherrscher konnte nur in einem politischen Rahmen verwirklicht werden, in dem keine Kontrolle von unten existierte, autonome Massenorganisationen und die Freiheit der Kritik fehlten.«[20]
Die schrittweise Einnahme der Bastionen der Arbeiterbewegung beginnt mit der Ablösung der Präsidialdiktatur Brünings, die die Unterstützung auch der gemäßigten politischen Repräsentanten des Kapitals verliert[21] und sich zudem in eine Frontstellung gegen die ostelbischen Großagrarier brachte,[22] durch das extrem konservative Regime Papen. Es beseitigte mit einem durch Art. 48 WRV kaschierten Staatsstreich die sozialdemokratisch geführte Regierung in Preußen, setzte den Reichskanzler als Reichskommissar ein.[23] Zentrales Angriffsobjekt des Putsches war die sozialdemokratisch dominierte preußische Polizei, deren Schutzfunktion für die Arbeiterorganisation zerbrochen wurde. Gleichzeitig wurden leitende Exekutivbeamte, Ministerialdirektoren, Oberpräsidenten, Regierungspräsidenten etc. ausgewechselt.[24] Die Sozialdemokratie blieb auch gegenüber diesem offenen Staats-

19 L. Trotzki, Was nun? Schicksalsfragen des deutschen Proletariats, in: Wie wird der Nationalsozialismus geschlagen? Frankfurt 1971, S. 85.
20 F. Neumann, a. a. O. (Anm. 3), S. 260 f. Vgl. auch A. Rosenberg, a. a. O. (Anm. 5), S. 205, O. Kirchheimer, Marxismus, Diktatur und Organisationsform des Proletariats in: a. a. O. (Anm. 4), S. 105.
21 K. D. Bracher, a. a. O. (Anm. 2), S. 394, S. 440.
22 Ebenda, S. 511 ff.
23 Ebenda, S. 559 ff., insb. S. 582 ff.
24 Ebenda, S. 590.

streich auf dem Boden passiver Legalitätspolitik stehen.[25] Statt zum Generalstreik aufzurufen, wandte sie sich an den Staatsgerichtshof, der in einem Scheinkompromiß die neue, faktische Machtlage sanktionierte.[26] So verstärkte die Schwäche der Arbeiterorganisationen im Wechselverhältnis erneut die von den politischen Repräsentanten des Kapitals eingenommene Position.

Deren gegen die Verfassungsstruktur von Weimar gerichtete Grundtendenz nahm 1931/1932 massiv zu. Die NSDAP wurde nun nicht nur von der Fraktion der Schwerindustriellen (Vögler, Thyssen, Kirdorf u. a.), die fortwährend die radikal-autoritäre Stinnes-Tradition der Jahre 1922/1923 vertreten hatten, unterstützt. Auch die gemäßigte Kapitalfraktion (Elektro-Chemie) schwenkte mehr und mehr zur faschistischen Massenbewegung über,[26a] die im Unterschied zu konservativ-minoritären Lösungen die Massenloyalität für das Privatrechtssystem unter, scheinbar, antikapitalistischen Vorzeichen zu sichern versprach. Die Interessenidentität der faschistischen Massenbewegung und der Repräsentanten des Privatrechtssystems formulierte Hitler in mehreren Reden vor den Herren der Wirtschaft. Am 27. Januar 1932 erklärte er vor dem Industrieclub in Düsseldorf, jeder Form der Demokratie »entspreche auf wirtschaftlichem Gebiet der Kommunismus. Dem Leistungsprinzip der Privatwirtschaft sei vielmehr eine autoritäre Regierung des ›Herrensinns‹ angemessen, die gleichzeitig dafür sorge, daß zur Rettung der weißen Rasse ›die Verschiedenartigkeit des Lebensstandards in der Welt aufrechterhalten bleibt‹.«[27] Am 18. Mai 1932 sprach Hitler vor der radikalen Kapitalfraktion in Berlin. Sein Ziel sei, »die Gewerkschaften aufzulösen und das demokratische System zu liquidieren«, »die Wirtschaft zu beleben und die Arbeitslosigkeit zu beseitigen.«[28] Am 4. Januar 1933,

---

25 Beschwörend schreibt Kirchheimer 1933 in der »Gesellschaft«, dem theoretischen Organ der SPD: »Wenn (...) durch die Veränderung der gesamten sozialen und politischen Situation keine sichere Garantie mehr für ein allseitig legales Verhalten gegeben ist, muß sich auch die Stellung der Sozialdemokratie zur konkreten Verfassungsordnung wandeln (...). Auch die bestmögliche (der) Verfassungen kann (...) durch Deformationsprozesse, die ein verändertes soziales Substrat in der Staatsordnung auslöst, ihren demokratischen Charakter verlieren.« O. Kirchheimer, a. a. O. (Anm. 4), S. 81 f.

26 K. D. Bracher, a. a. O. (Anm. 2), S. 638 f. Den juristischen Schleier für Papens Staatsstreich webte Carl Schmitt. Er vertrat die Regierung Papen vor dem Staatsgerichtshof. Vgl. ebenda, S. 585, 639. Zum verfassungstheoretischen Hintergrund der Theorie Carl Schmitts, s. oben, S. 68 ff.

26a E. Czichon, Wer verhalf Hitler zur Macht? Zum Anteil der deutschen Industrie an der Zerstörung der Weimarer Republik, Köln 1967, S. 39, 48, 52. K. D. Bracher, a. a. O. (Anm. 2), S. 440 f. Nur eine minoritäre Kapitalfraktion (Krupp, Wolff u. a.) widersetzte sich vorerst der Vereinheitlichung der Politik des Kapitals durch Unterstützung der NSDAP, E. Czichon, ebenda, S. 39, 37.

27 K. D. Bracher, a. a. O. (Anm. 2), S. 441, Anm. 121.

28 E. Czichon, a. a. O. (Anm. 26a), S. 33.

dem Tag, »der recht eigentlich zur Geburtsstunde des ›Dritten Reiches‹ geworden ist«,[29] wurde unter der Assistenz Papens im Hause des Bankiers Schröder das Programm der faschistischen Lösung der ökonomischen Krise, die vollständige Zertrümmerung der Verfassungsstruktur von Weimar, beschlossen. Die Gewerkschaften sollten verboten, die Wirtschaft mit Krediten und Staatsaufträgen, insbesondere im Rüstungsbereich, angekurbelt werden.[30] Nach der Übernahme des exekutiven Apparats durch die faschistische Partei am 30. Januar 1933 bringt Hitler in einer programmatischen Rede vor der politischen Spitze des Kapitals die Antinomie von Privatrechtssystem und Weimarer Verfassungsstruktur[31] auf die Formel: »Privatwirtschaft im Zeitalter der Demokratie ist nicht aufrechtzuerhalten.«[32] Konsequent wird die politische Demokratie vernichtet. Mit der auf Art. 48 WRV gestützten »Brandverordnung« »zum Schutz von Volk und Staat«[33] vom 28. Februar 1933 wird das Grundrechtssystem zur Disposition der Exekutive gestellt. Der grundrechtlich garantierte Aktionsrahmen (Meinungs-, Versammlungs-, Vereinigungsfreiheit, Freiheit der Person), der die Existenz der Arbeiterorganisationen schützt, wird zerbrochen. Die »Brandverordnung« diente vor allem als (Un)rechtsgrundlage für die Ein-

29 K. D. Bracher, a. a. O. (Anm. 2), S. 691.

30 E. Czichon, a. a. O. (Anm. 26a), S. 49, S. 51.

31 »Die (. . .) Trennung des politischen und ökonomischen Kommandos erzeugt den für die gegenwärtige Situation der kapitalistischen Demokratie charakteristischen Spannungszustand. Denn einerseits wollen die großen Massen ihrer politischen Entscheidung auch die Wirtschaft unterstellen und besitzen in der demokratischen Gesetzgebung die dazu nötige legale Handhabe (. . .). Umgekehrt erklären die Wirtschaftsleiter den demokratisch-politischen Einfluß in der Wirtschaft für unerträglich und wollen zu ihrem ökonomischen auch noch das direktere politische Kommando erobern. Auf die Dauer genügen die indirekten und anonymen politischen Einflüsse den Wirtschaftsleitern nicht. Sind sie doch ständig in ihrer Wirkung bedroht durch die Dispositionen des demokratisch kontrollierten Gesetzgebers. Dieses Auseinanderklaffen von politischer und gesellschaftlich-wirtschaftlicher Macht ist ein Zustand, dem Dauer nicht beschieden sein kann. Entweder muß die Staatsgewalt durch eine eigene ökonomische Machtfundierung die Möglichkeit bekommen, sich gegenüber den privaten Wirtschaftseinflüssen politisch zu verselbständigen, oder der Kampf der Wirtschaftsleiter muß den wenigstens vorläufigen Erfolg haben, daß sie die demokratische Gesetzgebung zu ihren Gunsten beseitigen.« H. Heller, Staatslehre, Leiden 1963[3], S. 137 f.

32 W. L. Shirer, Aufstieg und Fall des Dritten Reiches, Bd. 1, o. O. o. J. (München 1963), S. 220. Ferner sagte Hitler: »Wir stehen heute vor folgender Situation: Weimar hat uns eine bestimmte Verfassungsform aufoktroyiert, mit der man uns auf eine demokratische Basis gestellt hat. Damit ist uns aber keine leistungsfähige Regierungsgewalt beschert worden. Im Gegenteil, der Kommunismus mußte sich nach dem, wie ich eingangs die Demokratie kritisiert habe, immer tiefer in das deutsche Volk hineinbohren (. . .). Die Frage der Wiederhestellung der Wehrmacht wird nicht in Genf, sondern in Deutschland entschieden, wenn wir durch innere Ruhe zur inneren Kraft gekommen sind. Innere Ruhe gibt es aber nicht eher, als bis der Marxismus erledigt ist.« E. Czichon, a. a. O. (Anm. 26a), S. 82.

33 RGBl I 1933, S. 83.

weisung aktiver Kader der Arbeiterbewegung in Konzentrationslager.[34] Das Ermächtigungsgesetz[35] vom 24. März 1933 beseitigt auch formell den Parlamentarismus; die Legislative ist eingesaugt in die Exekutive.

Die privaten Herrschafts- und Nutzungsprivilegien des Privatrechtssystems sind nicht mehr bedroht durch die formaldemokratische Verfassungsstruktur von Weimar. Der mit der Weimarer Verfassung gesetzte Widerspruch der politischen und der sozialen Herrschaftsorganisation wird nach der einen Seite aufgelöst. Die Vernichtung der Arbeiterorganisationen, die aus den Interessen der Privateigentumsherrschaft entspringt, definiert im Kern den Faschismus. »Die Faschisierung des Staates bedeutet nicht nur die Mussolinisierung der Verwaltungsformen und -verfahren – auf diesem Gebiet sind die Veränderungen letzten Endes zweitrangig –, sondern vor allem und hauptsächlich die Zertrümmerung der Arbeiterorganisationen, Zurückwerfung des Proletariats in amorphen Zustand, Schaffung eines Systems tief in die Massen dringender Organe, die eine selbständige Kristallisation des Proletariats unterbinden sollen.«[36]

Wie im System des klassischen Liberalismus die Privatrechtsordnung unproblematisch mit der Verfassungsstruktur synchronisiert war, indem die von der Verfügung über die Produktionsmittel ausgeschlossenen Unterklassen auch in politischer Hörigkeit gehalten wurden, so repetiert die faschistische Lösung der ökonomischen Krise die Grundmuster bürgerlicher Herrschaftssicherung: die sozialen Verfügungsprivilegien werden unmittelbar in die Verfassungsstruktur verlängert.[37]

---

34 Vgl. J. Seifert, Gefahr im Verzuge. Zur Problematik der Notstandsgesetzgebung, Frankfurt 1965³, S. 20, unter Hinweis auf A. Arndt. Zum Widerstand der Arbeiterbewegung im Faschismus vgl. G. Weisenborn (Hrsg.), Der lautlose Aufstand, Hamburg 1954², S. 145 ff.

35 RGBl I 1933, S. 141.

36 L. Trotzki, a. a. O. (Anm. 19), S. 81.

37 Vgl. auch O. Kirchheimer, Die Verfassungslehre des Preußenkonflikts, in: a. a. O. (Anm. 4), S. 59 ff. Die Konstellation von Pivatrechtssystem und Verfassungsstruktur unter der vollentfalteten faschistischen Herrschaft, vor allem die Frage, ob die nationalsozialistische Verfassungsstruktur eine selbständige Qualität gegenüber der Privatrechtsordnung gewinnt, muß hier unerörtert bleiben. Zur Diskussion dieser Frage vgl. T. Mason, Der Primat der Politik – Politik und Wirtschaft im Nationalsozialismus, Das Argument 41/Dezember 1966, S. 473 ff., E. Czichon, Der Primat der Industrie im Kartell der nationalsozialistischen Macht, Das Argument 47/Juli 1968, S. 168 ff. T. Mason, Primat der Industrie?, ebenda, S. 193 ff., D. Eichholtz/K. Gossweiler, Noch einmal: Politik und Wirtschaft 1933–1945, ebenda, S. 210 ff., F. Neumann, a. a. O. (Anm. 3), S. 255–361, F. Pollock, State Capitalism, Studies in Philosophy and Social Science, New York 1941, S. 200 ff., ders., Is National Socialism a New Order?, ebenda, S. 440 ff., A. R. L. Gurland, Technological Trends and Economic Structure under National Socialism, ebenda, S. 226 ff.

Zusammenfassung

Gegenstand der Untersuchung war das Problem der Verankerung des Privatrechtssystems in der Verfassungsstruktur. Im klassischen Liberalismus wird die Privatrechtsordnung durch den bürgerlichen Rechtsstaat gesichert; die Verfassungsstruktur ist unmittelbar an das Privatrechtssystem angeschlossen. Nach der politischen Revolution von 1918/19 in Deutschland ist die unmittelbare Verzahnung von Privatrechtssystem und Verfassungsstruktur, die durch die verfassungsgesetzliche Garantie der Grundpfeiler der Privatrechtsordnung erfolgt, gleichwohl durch die Installierung der politischen Demokratie, die sich im Parlamentarismus und im Grundrechtssystem kristalisiert, virtuell gestört. Die Verfassungsstruktur bietet den von privatrechtlichen Verfügungsprivilegien ausgeschlossenen Unterklassen die Möglichkeit, soziale Defensiv- und politische Offensivpositionen gegen das Privatrechtssystem zu erringen.

Das verfassungsstrukturelle Einfallstor der Unterklassen wird in Weimar Zum um Zug geschlossen. Dieser Prozeß bezeichnet die juristischen Formen der Genesis des Faschismus.

Im Enteignungsrecht wird der potentielle proletarische Gesetzgeber ausgeschaltet. Im Arbeitsrecht werden die Rechtspositionen der Unterklassen und ihrer Organisationen durch das judiziell verbindlich gemachte Postulat der Betriebsgemeinschaft und des Wirtschaftsfriedens ausgezehrt. Im Bereich der tauschvermittelnden Normenkomplexe, der AGB und des Kartellrechts, wird die Rechtssetzungsmacht in die Autonomie der wirtschaftlichen Großgruppen verlagert; die Verfassungsstruktur fungiert hierfür als schützender Appendix.

Die in diesen Bereichen sich durchsetzende Funktionalisierung der Verfassungsstruktur durch das Privatrechtssystem erweitert sich in der ökonomischen Krise: die gesamte staatliche Herrschaftsorganisation wird, zur Verteidigung des Privatrechtssystems, gegen die Unterklassen umgebaut. Das parlamentarische System wird sukzessive aufgehoben. Das Grundrechtssystem, das den Organisationen der Unterklassen Kampfpositionen gewährte, wird zerstört. Die Weimarer Verfassungsstruktur ist zertrümmert, die faschistische Verfassungsstruktur dem Privatrechtssystem funktional zugeordnet.

Abkürzungsverzeichnis

a. a. O.	am angegebenen Ort
ADGB	Allgemeiner Deutscher Gewerkschaftsbund
AGB	Allgemeine Geschäftsbedingungen
AuR	Arbeit und Recht
BRG	Betriebsrätegesetz
h. L.	herrschende Lehre
h. M.	herrschende Meinung
i. V. m.	in Verbindung mit
JZ	Juristenzeitung
KartellVO	Kartellverordnung
MEW	Marx/Engels Werke
nF	neue Fassung
NotVO	Notverordnung
RAG	Reichsarbeitsgerichtsentscheidungen
RG	Reichsgerichtsentscheidungen
RGBl	Reichsgesetzblatt
SchlVO	Schlichtungsverordnung
TV	Tarifvertragsordnung
WRV	Weimarer Reichsverfassung

Literaturverzeichnis

Abendroth, W., Der demokratische und soziale Rechtsstaat als politischer Auftrag, in: Wirtschaft, Gesellschaft und Demokratie in der Bundesrepublik, Frankfurt 1965, S. 7 ff.

ders., Aufstieg und Krise der deutschen Sozialdemokratie, Frankfurt 1964

Adorno, T. W., Vorlesung zur Einleitung in die Erkenntnistheorie, Frankfurt o. J. (1971)

Allgemeiner Kongreß derArbeiter- und Soldatenräte Deutschlands vom 16. bis 21. Dezember 1918 im Abgeordnetenhause zu Berlin, Stenographische Berichte, Berlin o. J. (1919)

Anschütz, G., Die Verfassung des deutschen Reiches, Berlin 1929[11]

Apelt, W., Geschichte der Weimarer Verfassung, München 1964[2]

v. Baden, M., Erinnerungen, Stuttgart 1968

Bauer, O., Das Gleichgewicht der Klassenkräfte, in: H. J. Sandkühler / R. Vega (Hrsg.), Austromarxismus, Frankfurt 1970, S. 79 ff.

Bericht über den Gründungsparteitag der KPD (Spartakusbund) o. O. o. J. (Berlin 1919)

Bloch, E., Das Materialismusproblem, seine Geschichte und Substanz, Frankfurt 1972

Böhm, F., Das Problem der privaten Macht, in: Reden und Schriften, Karlsruhe 1960, S. 25 ff.

ders., Wettbewerb und Monopolkampf, Berlin 1933

Böhme, H., Prolegomena zu einer Sozial- und Wirtschaftsgeschichte Deutschlands im 20. Jahrhundert, Frankfurt 1968

Bracher, K. D., Die Auflösung der Weimarer Republik, Villingen 1960[3]

Brüning, H., Memoiren 1918–1934, Stuttgart 1970

Clemenz, M., Gesellschaftliche Ursprünge des Faschismus, Frankfurt 1972

Cohen, M., Nationalversammlung oder Rätesystem, in: Allgemeiner Kongreß der Arbeiter- und Soldatenräte Deutschlands vom 16. bis 21. Dezember 1918 im Abgeordnetenhause zu Berlin, Stenographische Berichte, Berlin o. J. (1919), S. 105 ff.

Czichon, E., Der Primat der Industrie im Kartell der nationalsozialistischen Macht, in: Das Argument 47/Juli 1968, S. 168 ff.

ders., Wer verhalf Hitler zur Macht? Zum Anteil der deutschen Industrie an der Zerstörung der Weimarer Republik, Köln 1967

Däuming, E., Nationalversammlung oder Rätesystem, in: Allgemeiner Kongreß der Arbeiter- und Soldatenräte Deutschlands vom 16. bis 21. Dezember im Abgeordnetenhause zu Berlin, Stenographische Berichte, Berlin o. J. (1919)), S. 118 ff.

Dessauer, K., Recht, Richtertum und Ministerialbürokratie, Mannheim, Berlin, Leipzig 1928

Diehl, K., Die rechtlichen Grundlagen des Kapitalismus, Jena 1929

Dobb, M., Entwicklung des Kapitalismus vom Spätfeudalismus bis zur Gegenwart, Köln 1970

Enderle, A., u. a., Das rote Gewerkschaftsbuch, Frankfurt 1967[2]

Engels, F., Die Lage der arbeitenden Klasse in England, in: Marx/Engels Werke (MEW), Bd. 2, Berlin 1970

ders., Brief an J. Bloch, MEW Bd. 37, Berlin 1967

Eichholtz, D., Noch einmal: Politik und Wirtschaft 1933–1945, in: Das Argument 47/Juli 1968, S. 210 ff.

Fichte, J. G., Die Staatslehre, in: Ausgewählte Werke Bd. 6 ed. Medicus, Darmstadt 1962, S. 417 ff.

Fraenkel, E., Abschied von Weimar? in: Zur Soziologie der Klassenjustiz und Aufsätze zur Verfassungskrise, Darmstadt 1968, S. 57 ff.

ders., Rätemythos und soziale Selbstbestimmung, in: Aus Politik und Zeitgeschichte B 14/71 (Bonn 1971)

ders., Zehn Jahre Betriebsrätegesetz, in: T. Ramm (Hrsg.), Arbeitsrecht und Politik, Neuwied 1966, S. 97 ff.

ders., Zur Soziologie der Klassenjustiz, Darmstadt 1968[2]

Frölich, P., 1789 – Die große Zeitwende, Frankfurt 1957

Gossweiler, K., Großbanken, Industriemonopole, Staat. Ökonomie und Politik des staatsmonopolistischen Kapitalimus in Deutschland 1914–1932, Berlin 1971

Grebing, H., Geschichte der deutschen Arbeiterbewegung, München 1970

Groener, W., Lebenserinnerungen, Göttingen 1957

Gurland, A. R. L., Marxismus und Diktatur, Leipzig 1930

ders., Technological Trends and Economic Structure under National Socialism, in: Studies in Philosophy and Social Science, New York 1941, S. 226 ff.

Habermas, J., Bedingungen für eine Revolutionierung spätkapitalistischer Gesellschaftssysteme, in: Marx und die Revolution, Frankfurt 1970, S. 24 ff.

ders., Strukturwandel der Öffentlichkeit, Neuwied 1962

ders., Technik und Wissenschaft als ›Ideologie‹, Frankfurt 1968

Hallgarten, G. W. F., Hitler, Reichswehr und Industrie, Frankfurt 1962[2]

Hannover, E. und H., Politische Justiz 1918–1933, Frankfurt 1966

Hart, D., Allgemeine Geschäftsbedingungen und Justizsystem, Kritische Justiz 3/1971, S. 269 ff.

Hegel, G. W. F., Grundlinien der Philosophie des Rechts, ed. Moldenhauer/Michel, Frankfurt 1970

ders., Wissenschaft der Logik I, ed. Moldenhauer/Michel, Frankfurt 1969

Heller, H., Staatslehre, Leiden 1963[3]

Hilferding, R., Das Finanzkapital, Wien 1910
ders., Die Aufgaben der Sozialdemokratie in der Republik, Referat auf dem SPD-Parteitag in Kiel 1927, Kiel 1927
v. Hippel, E., Das richterliche Prüfungsrecht, in: G. Anschütz/R. Thoma (Hrsg.), Handbuch des deutschen Staatsrechts Bd. 2, Tübingen 1932, S. 546 ff.
Hofmann, W., Die säkulare Inflation, Berlin 1962
Huber, E. R., Dokumente zur deutschen Verfassungsgeschichte Bd. 2, Stuttgart 1964
Imperialismus heute, Berlin 1968
Isay, H., Rechtsnorm und Entscheidung, Berlin 1929
Kahn-Freund, O., Der Funktionswandel des Arbeitsrechts, in: T. Ramm (Hrsg.), Arbeitsrecht und Politik, Neuwied 1966, S. 211 ff.
ders., Das soziale Ideal des Reichsarbeitsgerichts, ebenda, S. 149 ff.
Kaskel, W., Arbeitsrecht, Berlin 1925[2]
Kehr, E., Soziale und finanzielle Grundlagen der Tirpitzschen Flottenpropaganda, in: Der Primat der Innenpolitik, Berlin 1965, S. 130 ff.
Kirchheimer, O., Die Grenzen der Enteignung, Berlin 1930
ders., Die Verfassungslehre des Preußenkonflikts, in: Funktionen des Staates und der Verfassung, Frankfurt 1972, S. 42 ff.
ders., Marxismus, Diktatur und Organisationsform des Proletariats, ebenda, S. 100 ff.
ders., Verfassungsreform und Sozialdemokratie, ebenda, S. 79 ff.
ders., Weimar – und was dann? Analyse einer Verfassung, in: Politik und Verfassung, Frankfurt 1964, S. 9 ff.
Korsch, K., Arbeitsrecht für Betriebsräte, Frankfurt 1968[2]
ders., Die Sozialisierungsfrage vor und nach der Revolution, in: Schriften zur Sozialisierung, Frankfurt 1969, S. 50 ff.
ders., Was ist Sozialisierung?, ebenda, S. 15 ff.
ders., Karl Marx, Frankfurt 1967
Krahl, H. J., Produktion und Klassenkampf, in: Konstitution und Klassenkampf, Frankfurt 1971, S. 384 ff.
Kronstein, H., Cartel Control: A Record of Failure, in: Ausgewählte Schriften, Karlsruhe 1962, S. 113 ff.
ders., The Dynamic of German Cartels and Patents, ebenda, S. 157 ff.
ders., Zum Problem: Staat und Wirtschaftsmacht, ebenda, S. 15 ff.
Kuczynski, J., Die Bewegung der deutschen Wirtschaft von 1800 bis 1946, Meisenheim 1948
Lukács, G., Der junge Hegel, Neuwied 1967[3]
ders., Geschichte und Klassenbewußtsein, Berlin 1923
Luxemburg, R., Die Akkumulation des Kapitals, Berlin 1913
dies., Sozialreform oder Revolution, in: Politische Schriften I, Frankfurt 1966, S. 47 ff.
Marx, K., Das Kapital I, MEW Bd. 23, Berlin 1967
ders., Der achtzehnte Brumaire des Louis Bonaparte, MEW Bd. 8, Berlin 1969
ders., Die Bourgeoisie und die Konterrevolution, MEW Bd. 6, Berlin 1959
ders., Die Klassenkämpfe in Frankreich, MEW Bd. 7, Berlin 1971

ders., Grundrisse der Kritik der politischen Ökonomie, Berlin 1953
ders., Inauguraladresse der Internationalen Arbeiterassoziation, MEW Bd. 16, Berlin 1971
ders., Lohnarbeit und Kapital, MEW Bd. 6, Berlin 1970
ders., Kritik des Hegelschen Staatsrechts, MEW Bd. 1, Berlin 1972
ders., Zur Judenfrage, MEW Bd. 1, Berlin 1972
ders., Zur Kritik der politischen Ökonomie, MEW Bd. 13, Berlin 1969
Marx, K./Engels, F., Das kommunistische Manifest, MEW Bd. 4, Berlin 1971
dies., Die deutsche Ideologie, MEW Bd. 3, Berlin 1969
Mason, T., Der Primat der Politik – Politik und Wirtschaft im Nationalsozialismus, Das Argument 41/Dezember 1966, S. 473 ff.
ders., Primat der Industrie?, Das Argument 47/Juli 1968, S. 193 ff.
Maus, I., Die »Zäsur« von 1933 in der Theorie Carl Schmitts, Kritische Justiz, 2/1969, S. 113 ff.
Mayer, H., Die Krise der deutschen Staatslehre von Bismarck bis Weimar, in: Karl Marx und das Elend des Geistes, Meisenheim 1948, S. 48 ff.
Mendelsohn, K., Kapitalistisches Wirtschaftschaos oder sozialistische Planwirtschaft, Berlin 1932
Miliband, R., Der kapitalistische Staat: Antwort an N. Poulantzas, Kritische Justiz 2/1971, S. 210 ff.
ders., The State in Capitalist Society, London 1969
Montesquieu, C., Vom Geist der Gesetze Bd. 1, ed. Forsthoff, Tübingen 1951
Müller, R., Vom Kaiserreich zur Republik Bd. 2. Die Novemberrevolution, Wien 1925
Müller, W./Neusüss, C., Die Sozialstaatsillusion und der Widerspruch von Lohnarbeit und Kapital, Sozialistische Politik, Juni 1970, Heft 6/7, S. 4 ff.
Naphtali, F. (Hrsg.), Wirtschaftsdemokratie, Berlin 1929
Neuendorff, H./Rödel, U., Projektentwurf. Untersuchung der Funktionen staatlicher Wissenschafts- und Technologiepolitik in spätkapitalistischen Systemen am Beispiel der Bundesrepublik, unveröffentlichtes Arbeitspapier
Neumann, F., Behemoth. The Structure and Practice of National Socialism, New York 1966[4]
ders., Der Funktionswandel des Gesetzes im Recht der bürgerlichen Gesellschaft, in: Demokratischer und autoritärer Staat, Frankfurt 1967, S. 31 ff.
ders., Koalitionsfreiheit und Reichsverfassung, Berlin 1932
ders., Tarifrecht, Berlin 1931
v. Oertzen, P., Betriebsräte in der Novemberrevolution, Düsseldorf 1963
ders., Die Bedeutung C. F. von Gerbers für die deutsche Staatsrechtslehre, in: Festgabe für Smend, Tübingen 1962, S. 183 ff.
ders., Die soziale Funktion des staatsrechtlichen Positivismus, Diss. Göttingen 1953
Offe, C., Politische Herrschaft und Klassenstrukturen – Zur Analyse spätkapitalistischer Gesellschaften, in: G. Kress/D. Senghaas (Hrsg.), Politikwirtschaft, Frankfurt 1969, S. 155 ff.
Paschukanis, E., Allgemeine Rechtslehre und Marxismus, Frankfurt 1969[3]

Peter, C., Zur Enteignungsrechtsprechung des BGH, JZ 1969, S. 549 ff.
Pollock, F., State Capitalism, Studies in Philosophy and Social Science, New York 1941, S. 200 ff.
ders., Is National Socialism a New Order?, Studies in Philosophy and Social Science, New York 1941, S. 440 ff.
Poulantzas, N., Das Problem des kapitalistischen Staates, Kritische Justiz 2/1971, S. 201 ff.
Preuß, H., Volksstaat oder verkehrter Obrigkeitsstaat?, in: Staat, Recht und Freiheit, Hildesheim 1964, S. 365 ff.
Radbruch, G., Klassenrecht und Rechtsidee, in: Der Mensch im Recht, Göttingen 1961³, S. 23 ff.
ders., Rechtsphilosophie, Stuttgart 1963⁶
Raiser, L., Das Recht der Allgemeinen Geschäftsbedingungen, Bad Homburg 1961²
Rajewsky, X., Arbeitskampfrecht in der Bundesrepublik, Frankfurt 1970
Ramm, T., Das Recht des Arbeitskampfes nach der Rechtsprechung des Bundesarbeitsgerichts, JZ 1961, S. 273 ff.
ders., Der Streik als unerlaubte Handlung, AuR 1964, S. 321 ff.
ders., Die Rechtsprechung des BAG, JZ 1966, S. 214 ff.
v. Raumer, H., Unternehmer und Gewerkschaften in der Weimarer Zeit, Deutsche Rundschau 5/1954, S. 423 ff.
Renner, K., Die Rechtsinstitute des Privatrechts und ihre soziale Funktion, Stuttgart 1965²
Ritsert, J., Rezension von R. Miliband, The State in Capitalist Society, Kritische Justiz 2/1971, S. 221 ff.
Ritsert, J./Rolshausen, C., Der Konservatismus der kritischen Theorie, Frankfurt 1971
Ritter, G./Miller, S. (Hrsg.), Die deutsche Revolution 1918–1919, Dokumente, Frankfurt 1968
Rosenberg, A., Entstehung der Weimarer Republik, Frankfurt 1961
ders., Geschichte der Weimarer Republik, Frankfurt 1961
Ruge, W., Weimar – Republik auf Zeit, Berlin 1969
Schmitt, C., Das Reichsgericht als Hüter der Verfassung, in: Verfassungsrechtliche Aufsätze, Berlin 1958, S. 63 ff.
ders., Die Auflösung des Enteignungsbegriffs, ebenda, S. 110 ff.
ders., Der Begriff des Politischen, Berlin 1963
ders., Der Hüter der Verfassung, Berlin 1969²
ders., Die geistesgeschichtliche Lage des heutigen Parlamentarismus, Berlin 1963³
ders., Starker Staat und gesunde Wirtschaft, in: Volk und Reich 1933
ders., Verfassungslehre, Berlin 1965⁴
Schneider, D./Kuda, R., Arbeiterräte in der Novemberrevolution, Frankfurt 1968
Seifert, J., Gefahr im Verzuge, Frankfurt 1965³
Sering, P., Jenseits des Kapitalismus, Nürnberg 1948³
Sinzheimer, H., Grundzüge des Arbeitsrechts, Jena 1927²
Sohn-Rethel, A., Die soziale Rekonsolidierung des Kapitalismus, Kursbuch 21/1970, S. 17 ff.

ders., Ein Kommentar nach 38 Jahren, ebenda, S. 23 ff.
ders., Geistige und körperliche Arbeit, Frankfurt 1970
Shirer, W., Aufstieg und Fall des Dritten Reiches Bd. 1, o. O. o. J. (München 1963)
Stahl, F. J., Die gegenwärtigen Parteien in Staat und Kirche, Berlin 1863
ders., Rechts- und Staatslehre Bd. 2, 2. Abteilung, Heidelberg 1856
v. Stein, L., Geschichte der sozialen Bewegung von Frankreich bis auf unsere Tage Bd. 1, Darmstadt 1959
Sternberg, F., Der Niedergang des deutschen Kapitalismus, Berlin 1933²
Stučka, P., Die revolutionäre Rolle von Recht und Staat, Frankfurt 1969
Trotzki, L., Was nun? Schicksalsfragen des deutschen Proletariats, in: Wie wird der Nationalsozialismus geschlagen?, Frankfurt 1971
Unterseher, L., Arbeitsvertrag und innerbetriebliche Herrschaft, Frankfurt 1968
Verhandlungen der verfassunggebenden Deutschen Nationalversammlung, Bd. 328, Stenographische Berichte, Berlin 1920
Wagemann, Die Arbeitsgesetze in einem Band mit Erläuterungen aus der höchstrichterlichen Rechtsprechung des RAG und des LAG, Berlin 1933
Weber, H., Die Wandlungen des deutschen Kommunismus, Frankfurt 1969
ders. (Hrsg.), Völker hört die Signale, München 1967
Weber, M., Wirtschaftsgeschichte, Berlin 1958³
ders., Wirtschaft und Gesellschaft, 1. Halbband, Köln/Berlin 1964
Weisenborn, G., Der lautlose Aufstand, Hamburg 1954²
Wieacker, F., Privatrechtsgeschichte der Neuzeit, Göttingen 1967²
Wiethölter, R., Rechtswissenschaft, Frankfurt 1968
ders., Wirtschaftsrecht, in: A. Görlitz (Hrsg.), Handlexikon zur Rechtswissenschaft, München 1972, S. 531 ff.
Wolfers, A., Das Kartellproblem im Lichte der deutschen Kartelliteratur, in: E. Lederer (Hrsg.), Schriften des Vereins für Socialpolitik, Bd. 150, Berlin/Leipzig 1931
Wolff, M., Reichsverfassung und Eigentum, Separatdruck, o. O. o. J. (1923)